Lobbying für Behinderte

POLITIK UND DEMOKRATIE

Herausgegeben von Helmut Kramer und Eva Kreisky

Band 22

PETER LANG
Frankfurt am Main · Berlin · Bern · Bruxelles · New York · Oxford · Wien

Joachim Malleier

Lobbying für Behinderte

Interessenvermittlung am Beispiel des europäischen
Behindertenforums in der Europäischen Union

PETER LANG
Internationaler Verlag der Wissenschaften

Bibliografische Information der Deutschen Nationalbibliothek
Die Deutsche Nationalbibliothek verzeichnet diese Publikation
in der Deutschen Nationalbibliografie; detaillierte bibliografische
Daten sind im Internet über http://dnb.d-nb.de abrufbar.

Umschlaggestaltung:
© Olaf Gloeckler, Atelier Platen, Friedberg

Gedruckt mit Unterstützung des Bundesministeriums
für Wissenschaft und Forschung in Wien.

Logo auf dem Buchumschlag:
Abdruck mit freundlicher Genehmigung
der Universität Wien.

Gedruckt auf alterungsbeständigem,
säurefreiem Papier.

ISSN 1613-706X
ISBN 978-3-631-60172-3
© Peter Lang GmbH
Internationaler Verlag der Wissenschaften
Frankfurt am Main 2011
Alle Rechte vorbehalten.

Das Werk einschließlich aller seiner Teile ist urheberrechtlich
geschützt. Jede Verwertung außerhalb der engen Grenzen des
Urheberrechtsgesetzes ist ohne Zustimmung des Verlages
unzulässig und strafbar. Das gilt insbesondere für
Vervielfältigungen, Übersetzungen, Mikroverfilmungen und die
Einspeicherung und Verarbeitung in elektronischen Systemen.

www.peterlang.de

Meiner Frau Anna Elisabeth in Liebe gewidmet

Vorwort Herausgeber

Nach dem im Juni 2011 veröffentlichten ersten Weltbericht der Weltgesundheitsorganisation (WHO) über Behinderung lebt mehr als eine Milliarde Menschen (rund 15% der Weltbevölkerung) mit einer körperlichen und/oder geistigen Behinderung. Circa 190 Millionen Menschen gelten als schwerbehindert, sind gelähmt, blind oder leiden unter schweren Depressionen. Laut WHO wird auf Grund der Alterung der Weltbevölkerung und die dadurch bedingte Zunahme chronischer Erkrankungen die Zahl der Menschen mit Behinderungen in den nächsten Jahrzehnten noch wesentlich steigen. 80% der Menschen mit Behinderungen leben in Entwicklungsländern. Aber auch in der Europäischen Union haben 45 Millionen Menschen (16% der EU-Bevölkerung) im erwerbsfähigen Alter ein lang andauerndes Gesundheitsproblem bzw. eine physische oder psychische Behinderung.

Menschen mit Behinderungen sind nicht nur in der Realisierung ihrer persönlichen und beruflichen Ziele wesentlich eingeschränkt, sie werden auch durch vielfältige Diskriminierungen von einer gleichberechtigten Teilhabe am gesellschaftlichen Leben ausgeschlossen. Die Probleme behinderter Menschen wurden in der Vergangenheit weitgehend gesellschaftlich tabuisiert, behinderte Menschen wurden als „Objekte" betrachtet, denen Schutz, medizinische Betreuung und karitative Hilfe zu verordnen war, ohne Bereitschaft, sie als gleichberechtigte Rechtssubjekte und als politische Partner anzuerkennen.

Die früher dominierende paternalistisch-bürokratisch geprägte Sicht auf Behinderte hat sich nun in den letzten Jahrzehnten wesentlich gewandelt. Die Bemühungen um eine Gleichstellung behinderter mit nicht behinderten Menschen wurden intensiviert und Behinderung wird stärker als bisher „entindividualisiert", das heißt, der Bezug zwischen gesellschaftlichen Strukturen und persönlicher Behinderung hergestellt. Den Vereinten Nationen beschlossen nach mehrjährigen Vorbereitungsarbeiten im Jahre 2006 eine Konvention über die Rechte von Menschen mit Behinderungen, in der Behinderung umfassend definiert wird und eine „volle und effektive Teilnahme von behinderten Menschen auf gleichberechtigter Basis in der Gesellschaft" gefordert wird. Auch in der Europäischen Union wurde durch eine Reihe von Aktionsprogrammen und Initiativen eine Entwicklung in Gang gesetzt, die den Stellenwert der Behindertenpolitik vor allem in sozialen und wirtschaftlichen Fragen zunehmend erhöhte. In diesem gemeinschaftlichen Prozess waren VertreterInnen von Behindertenorganisationen partnerschaftlich eingebunden.

Fragen der europäischen Behindertenpolitik wurden – auch dies dürfte ein Indiz für die lang andauernde gesellschaftliche Tabuisierung und „Unsichtbarmachung" der Behindertenproblematik sein – in politik- und sozialwissenschaftlichen Publikationen bislang sehr wenig behandelt. Die Untersuchung von Joachim Malleier, die Überarbeitung einer am Institut für Politikwissenschaft der Universität Wien im Jänner 2009 approbierten Diplomarbeit, ist durch eine überaus informative Darstellung und Analyse der Entwicklung der Behindertenpolitik der Europäischen Union seit den 1980er Jahren und durch eine kompetent durchgeführte Fallstudie über die Rolle und Einflussmöglichkeiten des europäischen Dachverbandes für Behinderte (EDF/European Disabled Forum) im Entscheidungsprozess der Europäischen Union als sehr wichtiger und innovativer wissenschaftlicher Beitrag, der auch für eine breitere Öffentlichkeit von hohem Interesse ist, einzuschätzen.

Vorwort Autor

Die Publikation „Lobbying für Behinderte" ist die Überarbeitung einer 2009 abgeschlossenen Diplomarbeit zum Europäischen Behindertenforum (EDF). Die Daten über das EDF wurden Anfang 2011 auf den neuesten Stand gebracht. Lobbying und Behinderung scheinen zwei gegensätzliche Kategorien im politischen Prozess darzustellen. Hier wären einerseits die aktive und offensive Teilnahme an politischen Entscheidungsprozessen und andererseits der behinderte Mensch, dem aufgrund seiner Beeinträchtigung Schwierigkeiten in der Durchsetzung seiner Interessen zugeschrieben werden. Lobbying für Behinderte – ein bewusst provokant gewählter Titel - fokussiert nicht die individuelle Perspektive eines Menschen mit einem besonderen Bedürfnis, sondern behandelt Behinderung als sozialwissenschaftlichen Begriff, der im Kontext politischer Zusammenhänge analysiert wird. Hier sollte auch die eigene Behinderung Erwähnung finden, da Erfahrungen im persönlichen Bereich, wie im beruflichen Umfeld die interessengenerierende Triebfeder hinsichtlich der Beschäftigung mit diesem Themenkomplex darstellen.

Für die methodische und inhaltliche Betreuung bedanke ich bei Herrn Professor Kramer. Es sei auch die Unterstützung von Helmut Kramer erwähnt, dass diese Arbeit in der von Frau Professor Kreisky und ihm herausgegebenen Reihe ‚Politik und Demokratie' im Peter Lang-Verlag publiziert wird. Einblicke in den wissenschaftlichen Diskurs rund um Behinderung konnten im Rahmen einer von Fr. DDr.in Ursula Naue erstmals 2005/06 am Institut abgehaltenen Lehrveranstaltung gewonnen werden. Fr. Naue setzt maßgebliche Impulse zur Etablierung der Disability Studies in Österreich.

Die Mitarbeit an der europaweiten Unterschriftenaktion „1million4disability" bildete eine hervorragende Möglichkeit sich mit der österreichischen Behindertenszene und der Bedeutung des EDF im nationalen Kontext vertraut zu machen. Hier sei stellvertretend für den österreichischen Behindertendachverband (ÖAR) Fr. Dr.in Irmgard Bauer und Herrn Dr. Anthony Williams ein großer Dank ausgesprochen. Außerdem sei die Unterstützung des EDF-Sekretariates hervorgehoben. Ich möchte mich bei allen InterviewpartnerInnen danken.

Abschließend bedanke ich mich bei meiner Frau, meiner Familie und meinen FreundInnen für ihre Geduld und Unterstützung, welche die Basis dieser Arbeit legten. Ich hoffe auch in zukünftigen Projekten auf ihren Beistand zurückgreifen zu dürfen.

Joachim Malleier   Wien, Juni 2011

Inhaltsverzeichnis

Abkürzungsverzeichnis 15
Abbildungsverzeichnis 17
1 Einführung 19
2 Theorie 23
   2.1 Interessengruppen 23
      2.1.1 Interessengruppen als zentrale Akteure politischer Prozesse ... 24
         2.1.1.1 Interessenwettbewerb schafft politischen Ausgleich 24
         2.1.1.2 Einschränkungen für Interessengruppen 25
      2.1.2 Weiterentwicklung pluralistischer Theorie 26
   2.2 Interessengruppen im poltischen System der EU 27
      2.2.1 Politikwissenschaftliche Betrachtung des europäischen Integrationsprozesses 28
      2.2.2 Europäischer Policy Cycle 30
         2.2.2.1 Willensbildung 30
         2.2.2.2 Entscheidungsfindung 32
         2.2.2.3 Implementierung und Evaluierung 34
      2.2.3 Supranationale Interessenvermittlung von Interessengruppen ... 34
         2.2.3.1 Die Heterogenität europäischer Interessengruppen 35
         2.2.3.2 Eurogroups 36
         2.2.3.3 Organisationsstruktur von Eurogroups 37
         2.2.3.4 PolitikberaterInnen 38
   Exkurs: Soziale Eurogroups 39
   2.3 Erfolgskriterien für die Arbeit von Eurogroups 41
      2.3.1 Partizipation im europäischen Policy Cycle 41
         2.3.1.1 Zugang zur Europäischen Kommission 41
         2.3.1.2 Zugang zum Europäischen Parlament 42
      2.3.2 Mehrebenenstrategie 44
         2.3.2.1 Aufbau eines Netzwerks 44

2.3.2.2	Bildung von Allianzen	45
2.3.3	Informationsvermittlung	45
2.3.3.1	Bestimmung der eigenen Position	45
2.3.3.2	Frühzeitiges Handeln	46
2.3.3.3	Schnelles Handeln	47
2.3.3.4	Konstruktives Handeln	47
2.3.4	Die Kenntnis informeller Abläufe	48

3 Das Politikfeld Behinderung 49

3.1	Begriff: Behinderung	49
3.1.1	Das medizinische Modell unter Berücksichtigung der Festlegung einer Behinderung in Österreich	50
3.1.2	Das soziale Modell	52
3.1.2.1	International Classification of Impairments, Disabilities and Handicaps	54
3.1.2.2	International Classification of Functioning, Disability and Health	55
3.1.3	Aktuelle Entwicklungen: Forderung der gleichen Rechte für Alle	56
3.2	Politische Dimensionen von Behinderung	57
3.2.1	Öffentliche Meinung: Behinderung: (K)Ein Einzelschicksal	57
3.2.2	Situation am Arbeitsmarkt: Zwischen Beschäftigung und Versorgung	59
3.2.3	Politische Partizipation: Von Charity zu aktiver Mitgestaltung	61
3.2.4	Behinderung im Spannungsfeld zwischen europäischer Integration und nationaler Sozialpolitik	63
3.2.5	Internationale Entwicklung: Von Fürsorge zu aktiver Teilhabe	64
3.3	Entwicklung einer europäischen Behindertenpolitik	66
3.3.1	Europäische Aktionsprogramme (1974 bis 1996)	67
3.3.2	Entstehung einer gemeinschaftlichen Rechtsgrundlage zu Behinderung (1996 bis 1999)	70

3.3.3 Gemeinschaftliche Behindertenpolitik nach
Amsterdam (2000 bis 2006) 72

4 Das Europäische Behindertenforum 75

4.1 Entstehung, Entwicklung und interne Struktur 75

4.1.1 Vom beratenden zum eigenständigen europäischen
Behindertendachverband 75

4.1.2 Entwicklung des Europäischen Behindertenforums
von 1997 bis 2007 78

4.1.3 Organisationsstruktur 82

4.1.3.1 Mitgliedschaft 82

4.1.3.2 Interner Entscheidungsprozess 83

4.1.3.3 Finanzierung 86

4.1.4 Europäische Vernetzung 88

4.1.4.1 Institutionelle Verflechtung 88

4.1.4.2 Kooperationen und Allianzen mit Eurogroups 90

4.2 Die Mitwirkung des Behindertenforums am europäischen
Entscheidungsprozess 91

4.2.1 Der Vertrag von Amsterdam 92

4.2.2 Verordnung über die Rechte behinderter Flugpassagiere 95

4.2.3 Regelungen zu den europäischen Strukturfonds 97

5 Das EDF – Eine selbstständige abhängige Interessenvermittlung 100

5.1 Entstehungsgründe 100

5.2 Zur Unabhängigkeit 101

5.3 Zugang zu Entscheidungszentren 102

5.4 Gründe für erfolgreiches Lobbying 104

5.5 Herausforderungen für das EDF 106

Literaturverzeichnis 109

Abkürzungsverzeichnis

ADA	Americans with Disabilities Act
AGE	European Elder People's Platform
ARFIE	Association de Recherche et de Formation sur l'Insertion en Europe
BGStG	Behindertengleichstellungsgesetz
BMSK	Bundesministerium für Soziales und Konsumentenschutz
CER	Community of European Railway and Infrastruture Companies
CONECCS	Consultation, the European Commission and Civil Society
COPA	Committee of Agricultural Organisations in the EU
COREPER	Comité des repréentants permanents / Ausschuss der Ständigen Vertreter
COST	European Cooperation in the field of Scientific and Technical Research
ECAC	European Civil Aviation Conference
ECMT	Europäische Verkehrsministerkonferenz
EDF	Europäisches Behindertenforum
EEA	Einheitliche Europäische Akte
EG	Europäische Gemeinschaft
EGKS	Europäische Gemeinschaft für Kohle und Stahl
EGV	Vertrag zur Gründung der Europäischen Gemeinschaft
EJMB	Europäisches Jahr der Menschen mit Behinderung
ENIL	European Network on Independent Living
EP	Europäisches Parlament
ERT	European Round Table of Industrialists
EU	Europäische Union
EUD	European Union of the Deaf
EuGH	Europäischer Gerichtshof
EuRADE	Research Agendas for Disability Equality
EURATOM	Europäische Atomgemeinschaft
EWG	Europäische Wirtschaftsgemeinschaft
EWL	European Women's Lobby
GD	Generaldirektion
HLG	High Level Group
HBSO	Hilfsgemeinschaft der Blinden und Sehschwachen Österreichs
ICF	International Classification of Functioning, Disability and Health

ICIDH	International Classification of Impairments, Disabilities and Handicaps
ICT	Informations- und Kommunikationstechnologien
IDA	International Disability Alliance
IGC	Inter Governmental Conference
IL	Independent Living / Selbstbestimmtes Leben
INCOM	Inclusive Communication
KOVG	Kriegsopfer und Versehrtengesetz
MEP	Member of the European Parlament
NRO/NGO	Nichtregierungsorganisation
ÖAR	Österreichische Arbeitsgemeinschaft für Rehabilitation
OECD	Organisation für wirtschaftliche Zusammenarbeit und Entwicklung
UN	United Nations / Vereinte Nationen
WHO	World Health Organization
WSA	Wirtschafts- und Sozialausschuss
WWF	World Wide Fund for Nature

Abbildungsverzeichnis

Abbildung 1 Die Zahl europäischer Interessenorganisationen nach der Art des Interesses 35

Abbildung 2 In Brüssel vertretene Interessengruppen 36

Abbildung 4 Offizielle Intergroups im Europäischen Parlament 43

Abbildung 3 Offizielle Intergroups im Europäischen Parlament 43

Abbildung 5 Europäische Behindertenpolitik von 1974 bis 2006 67

Abbildung 6 Organigramm HELIOS II 77

Abbildung 7 Organigramm des EDF 86

Tabelle 1 Beteiligung nationaler Behindertenverbände an der Kampagne 1million4disability 81

Tabelle 2 Jahreshaushalt 2004 87

1 Einführung

Macht wird vom deutschen Soziologen Max Weber, als Chance angesehen, den eigenen Willen auch gegen das Widerstreben anderer durchzusetzen (vgl. Schiller, 425). Die politische Macht von Behindertenorganisationen wird als gering eingestuft. Forderungen von behinderten Menschen werden sowohl gesellschaftlich als auch politisch nur marginal wahrgenommen. Denn behinderte Menschen und ihre Organisationen partizipieren nur rudimentär am politischen Entscheidungsprozess (vgl. Barnes/Mercer, 2004: 111-116; Croxen, 1985). Eine Ursache wird in der Interessendiversität der Behindertenverbände verortet. Dies lässt die Zusammenarbeit unter einer Organisationsstruktur kaum zu (vgl. Heinze, 1992: 54). Organisationen haben gemeinsame Interessen in dem Maße, wie sie an einer Angelegenheit teilhaben, dass sie alle unteilbar verbindet (vgl. Olson; 1968: 14).

Das European Disabled Forum (EDF)[1] bezeichnet sich als Lobby zu Behinderung, welche als Behindertendachverband zehn Prozent der europäischen Bevölkerung (in Summe über 50 Millionen Menschen) vertritt. Dieses Forum ist eine europäische Interessengruppe, in der von allen Mitgliedstaaten der Europäischen Union (EU) RepräsentantInnen von nationalen Behindertendachverbänden in das EDF entsandt werden. Auch international aktive Behindertenorganisationen zählen zu den Mitgliedern des Forums. Im politischen Willensbildungs- und Entscheidungsprozess der Europäischen Union sollten somit die Interessen von Menschen mit Behinderung mitberücksichtigt werden (vgl. EDF, 2005a).

Interessengruppen bilden die Quintessenz eines politischen Systems (vgl. Truman, 1958; Dahl, 1965). Diese Vereinigungen werden charakterisiert als dauerhaft organisierte, in der Regel auf freiwilliger Mitgliedschaft basierende Zusammenschlüsse wirtschaftlicher oder gesellschaftlicher Gruppen mit dem Zweck, nach außen gemeinsame Interessen zu artikulieren und direkt oder indirekt auf politische Entscheidungsprozesse Einfluss zu nehmen (vgl. Thibaut, 2004: 381; Olson, 1968: 132f.). Die Methode der Einflussausübung wird mit dem Terminus des Lobbying beschrieben. Lobbyismus wird definiert als die nicht über die Verfassung geregelte Mitwirkung an der politischen Gestaltung eines Staates, und zwar durch die Beeinflussung jener, die laut Verfassung mit der politischen Willensbildung und der Durchführung der getroffenen Entscheidungen betraut sind (Brockhaus, 1990: 472). Der legislative Prozess der EU ist ein Mehrebenensystem, in dem der Erfolg der Interessenvermittlung vom Wis-

---

[1] Nachfolgend wird für das Behindertenforum auch das englische Akronym EDF verwendet.

sen abhängt, wo, was und wann entschieden wird. Das komplexe politische System, welches sich aus unterschiedlichen Entscheidungsebenen zusammensetzt (föderal, national und supranational) führt zu unterschiedlichen Einflussmöglichkeiten für Interessengruppen (vgl. Greenwood, 2003; Eising/Kohler-Koch, 2005: 29; Buholzer, 1998).

Der Zugang einer Interessengruppe zu zentralen institutionellen Akteuren eines politischen Systems wird als conditio sine qua non für das Mitgestaltungspotenzial an politischen Prozessen angesehen (vgl. Greenwood, 2003; Eising/Kohler-Koch, 2005: 29; Buholzer, 1998). In dem von Europäischen Kommission 2001 veröffentlichten Weißbuch „Europäisches Regieren" sieht die Kommission eine relative Offenheit gegenüber Interessengruppen als wichtigen Bestandteil europäischer Politik. Die Europäische Kommission bekennt sich somit zu einer pluralistischen Gesellschaft und sieht in der Einbindung vieler Organisationen/Interessengruppen der Zivilgesellschaft eine Methode, um eine wirkungsvollere Politikgestaltung zu erreichen (vgl. Europäische Kommission, 2001a). Hier sei angemerkt, dass sich der politische Prozess aus einem Konglomerat bestehend aus einer funktional aufgeteilten Administration und einer Vielzahl an Interessengruppen zusammensetzt. Innerhalb dieses Beziehungsgeflechtes werden Informationen ausgetauscht und Einfluss ausgeübt (vgl. Mayntz, 1993: 39-56; Börzel, 1997: 1ff.; Michalowitz, 2004: 47). Den äußeren Rahmen des EDF bildet das politische System der Europäischen Union (EU).

Das europäische Gesetzgebungsverfahren basiert auf den Gründungsverträgen und deren vertraglichen Erweiterungen und Ergänzungen. Diese bilden das europäische Primärrecht, welches die formellen Vorgaben für das europäische Entscheidungsverfahren enthält. Die europäischen Rechtsakte sind jedoch das Resultat eines Prozesses eines Mehrebenensystems, auch als Multi Governance bezeichnet (vgl. Bache/George, 2006: 33-40). Für Interessengruppen wurde dieses System mit der Unterzeichnung der Einheitlichen Europäischen Akte (EEA) im Jahre 1986 zunehmend relevant. Auch im Rahmen der Vorbereitungen zum Vertrag von Maastricht und der damit verbundenen politischen Erweiterung kam es erneut zu einem Anwachsen der in Brüssel aktiven Interessenvertretungen – auch im wissenschaftlichen Terminus als Eurogroups bezeichnet (vgl. van Schendelen, 1993: 5-8). Der primäre Untersuchungsschwerpunkt liegt in der Beschreibung des EDF im Kontext sozialer Eurogroups und dessen Schnittstellen mit europäischen Institutionen.

Vor allem die Beziehung zwischen dem EDF und der Europäischen Kommission wird fokussiert, da dieser europäischen Institution aufgrund ihres Vorschlagsrechtes (für Rechtsetzungsakte) großer Einfluss auf das politische System der EU attestiert wird (vgl. Chabera, 2003: 96-104; Buholzer, 1998: 166-169; Nugent, 1999: 309-311; Greenwood, 2003).

Die Maßnahmen europäischer Institutionen werden als entscheidender Auslöser einer Organisierung vieler sozialer Eurogroups definiert. Demnach entstehen supranationale Interessengruppen in Reaktion auf europäische Politik oder in Antizipation geplanter Maßnahmen. Die Europäische Kommission unterstützt soziale Eurogroups. Damit sollte ein Kommunikations- und Informationsaustausch zwischen Kommission und sozialen Interessengruppen hergestellt werden. Der Zugang zu europäischen Entscheidungszentren bestimmt auch die Bereitschaft nationaler Mitglieder einen europäischen Dachverband als zentralen Zugangskanal zur EU zu nutzen (vgl. Eising/Kohler-Koch, 2005: 21-29; vgl. Greenwood, 2003: 29f, 175-185, Mabbett, 2005: 97-120; Hvinden, 2004: 304-306). Hier werden Aspekte herausgearbeitet, welche die Unterstützungsbereitschaft der Mitglieder des EDF beeinflussen.

Was macht eine erfolgreiche Interessengruppe im Mehrebenensystem der EU aus und wie ist diese organisiert, um eine optimale und effiziente Interessensvertretung zu garantieren? Der Zugang zu politischen Entscheidungsträgern und die Fähigkeit darin mitzugestalten, wird von einer Reihe von Faktoren bestimmt. Die Einbindung oder Partizipation im europäischen Willensbildungs- und Entscheidungsprozess wird nicht nur von der Ausstattung der Ressourcen bestimmt, sondern auch von deren Fähigkeit breite Allianzen zu bilden, eine effiziente interne Entscheidungsstruktur zu haben und auf ein informelles Netzwerk zugreifen zu können (vgl. Pollak, 2006; Kohler-Koch, 1997; Buholzer, 1998; Lahusen/Jauß, 2001).

Aus der eingangs zitierten Selbstbeschreibung des EDF wird darauf abgezielt, eine differenzierte Betrachtung dieser Interessengruppe zu ermöglichen. Deshalb ist es auch notwendig dessen Lobbyingmarterie, dass heißt, die Forderungen an politisch-administrative EntscheidungsträgerInnen, zu berücksichtigen. Denn das jeweilige Politikfeld ist die abhängige Variable der Einflussausübung (vgl. Bache, Ian/George, Bache, 2006^2). Die internationalen und europäischen politischen Entwicklungen stellen die Rahmenbedingungen für eine Behindertenlobby dar. Deshalb werden erstens Einblicke in den Diskurs rund um den Begriff Behinderung gegeben, die den inhaltlichen Geltungsrahmen abstecken. Hierbei wird Bezug auf divergierende Betrachtungsweisen im Verständnis bzw. Umgang mit Behinderung genommen. Zweitens, die Darstellung von Behinderung als Politikfeld umreißt Dimensionen im Hinblick auf politikwissenschaftliche Kategorien, wie öffentliche Meinung, Arbeitsmarkt, Partizipation, europäischer Integration und internationale Entwicklungen. Und drittens, der chronologische Abriss zur Genese einer europäischen Behindertenpolitik untermauert den Zusammenhang zwischen Policy und Organisationsbildung.

Dem wissenschaftlichen Erfordernis entsprechend, wird aus theoretisch operationalisierten Indikatoren optimaler Interessenvermittlungsmethoden in der

Europäischen Union ein semistrukturierter Fragebogen konstruiert, der für die qualitative Analyse des EDF verwendet wird. In Form durchgeführter Interviews mit MitarbeiterInnen des EDF-Sekretariates, die während eines einmonatigen Forschungsaufenthalts (Mai 2007) in Brüssel durchgeführt wurden und der Analyse von Primärquellen wie Arbeitsberichten, Strategiedokumenten und Jahresberichten des EDF wird diese Methode angewandt.

Anhand des zur Verfügung stehenden Materials wird das EDF als europäischer Behindertenverband und dessen Arbeit als Lobby dargestellt und Einflussfaktoren, welche einerseits dessen Gründung und Handlungsfähigkeit determinieren, untersucht. En Gros wird die politische Bedeutung von Behinderung und den Möglichkeiten und Herausforderungen von Interessenvertretungen zu Behinderung formuliert. Es wird die Frage gestellt, ob und welche Methoden im Bezug zu Behinderung angewandt werden, um politischen Druck erzeugen zu können. Gibt es gesellschaftliche oder politische Gründe, wieso EntscheidungsträgerInnen mit negativen Konsequenzen zu rechnen haben, sofern sie Behindertenagenden nicht adäquat berücksichtigen? En Detail wird ein Vergleich zwischen den aus der Theorie abgeleiteten Annahmen einer optimalen Lobbyingstrategie mit dem Fallbeispiel des EDF als Lobby durchgeführt. Die daraus resultierenden Erkenntnisse werden abstrahiert und Empfehlungen für effizientes Lobbying zum Themenfeld Behinderung erarbeitet, welche zukünftigen Strategien als Orientierungshilfe dienen kann.

Es wird angemerkt, dass diese wissenschaftliche Forschungsarbeit mit der Kombination Interessengruppen und Behinderung weitgehend neues wissenschaftliches Terrain betritt. Obwohl die Interessengruppenforschung eine Vielzahl an Untersuchungen und Fallstudien anführt und im Rahmen der Disability Studies die Ursächlichkeit der Ungleichbehandlung behinderter Menschen behandelt wird, konnte nur teilweise auf wissenschaftliches Material zurückgegriffen werden. Deshalb erhebt diese sozialwissenschaftliche Untersuchung einen explorativen Anspruch, deren Erkenntnisse dennoch eine praxisorientierte Anwendbarkeit beinhalten sollten.

2 Theorie

Die politische Theorie bildet das Rüstzeug, wie das EDF begrifflich festgemacht werden kann. Mit den Annahmen der Interessengruppenforschung, insbesondere mit dem grobmaschigen Netz des Pluralismus wird die Rolle von Interessengruppen in politische Ordnungsgefüge wissenschaftlich diskutiert. Die räumliche Eingrenzung dieser Untersuchung bildet die Herausarbeitung deren Bedeutung im politischen System der EU. Ein konkretes Analysemodell wird am Konzept optimaler Interessenvertretungsstrategien dargestellt. Denn die Theorie ist das „Netz, das wir auswerfen um die Welt einzufangen", wie der Sozialwissenschaftler Karl R. Popper bildhaft formuliert (Popper, 1984/1931: 31).

2.1 Interessengruppen

Politische Entscheidungsprozesse werden häufig hinsichtlich der Bedeutung der darin involvierten AkteurInnen untersucht. Interessengruppen spielen in politischen Systemen eine wichtige Rolle und werden definiert als

> „...dauerhaft organisierte, in der Regel auf freiwilliger Mitgliedschaft basierende Zusammenschlüsse wirtschaftlicher oder gesellschaftlicher Gruppen mit dem Zweck, nach außen gemeinsame Interessen zu artikulieren und direkt oder indirekt auf politische Entscheidungsprozesse Einfluss zu nehmen, sowie nach innen die unter Umständen divergierenden Einzelinteressen ihrer Mitglieder zu koordinieren und zusammenzufassen" (Thibaut, 2004: 381).

Im Zentrum der Betrachtung stehen die Fragen, wieso sich Organisationen konstituieren und welchen Zweck diese erfüllen. Die Theorie des Pluralismus bildet den Ausgangspunkt der Interessengruppenforschung, die sich vor allem aus liberalen Denkrichtungen in den USA entwickelte. So sind es Arthur F. Bentley (1908), David B. Truman (1951) und Robert A. Dahl (1961) die gruppentheoretische Prozesse analysierten (vgl. Braun, 1996: 53f.; Jordan, 1990; Prechtl//Burkhard, 1996: 411f; Nohlen, 1998: 483; Eisfeld, 2004: 662). Die politische Dominanz von Interessengruppen wurde postuliert. Dahl merkt hierzu an:

> „If the parties were the political molecules, the interest groups were the atoms. And everything could be explained simply by studying the atoms. Neither people nor parties but interest groups, it was said, are the true units of the political system" (Dahl, 1965: 5).

Nach Bentley ist jedes gesellschaftliche Handeln entweder auf individuelle oder Gruppentätigkeit zurückzuführen. Mit der wirtschaftlichen Entwicklung einer Gesellschaft (Stichwort arbeitsteiliges System) wird eine Heterogenität von Bedürfnissen und Interessen geschaffen. Ähnliche Interessen organisieren sich und agieren als ‚pressure groups', da sie es sind, die mit ihrem Gruppendruck die Politik bestimmen. In der Konkurrenz der Interessengruppen sollte sich ein optimales politisches System entwickeln, das zu Stabilität und Gerechtigkeit führt (vgl. Olson, 1968:117-120). Diese besondere Fokussierung auf Interessengruppen weist auf die, in den USA traditionell schwächer ausgeprägten Parteienlandschaft hin. Dennoch wird der Zugang des Pluralismus auch für Analysen europäischer Entwicklungen herangezogen (vgl. Michalowitz, 2003: 26).

2.1.1 Interessengruppen als zentrale Akteure politischer Prozesse

Der politische individuelle Wille findet seinen Ausdruck in den Interessengruppen, die miteinander in Konkurrenz stehen. Die Kernthese des Pluralismus lautet, dass es zur Herausbildung eines Systems kommt, welches in der Lage ist, jegliches politische Interesse zu integrieren, da jeder in einem oder mehreren Zusammenschlüssen organisiert ist (vgl. Eisfeld, 2004: 663).

2.1.1.1 Interessenwettbewerb schafft politischen Ausgleich

Die Politik wird von Interessengruppen gesteuert. Diese Annahme wird sowohl von Robert Dahl als auch von David Truman zu einem handlungsleitenden Postulat ihrer gesamten wissenschaftlichen Untersuchungen. So sehen sie insbesondere im Interessenwettbewerb die ausgleichende Kraft, die zu Stabilität und politischer Gerechtigkeit führt. Die Konkurrenz von Interessengruppen gewährleistet zum Einen die Autonomie des Einzelnen und schafft zum Anderen ein Optimum an politischer Integration, da jeder mit seinem Interesse am politischen Prozess teilnimmt. Das Korrektiv des Pluralismus steckt im Wettbewerb der Interessengruppen, denn „for every interest, a counter-interest was expected to exist" (Michalowitz, 2004: 26).

Ferner tragen auch nicht organisierte Interessen zu diesem Ausgleich bei. Truman erklärt dies mit der Existenz latenter Interessen, die sich organisieren, sofern deren Interesse maßgeblich tangiert wird. Diese sogenannten ‚Potential Interest Groups' besitzen einen nicht unwesentlichen Einfluss auf politische EntscheidungsträgerInnen, da diese in Hinblick auf eine Wiederwahl ihr Verhalten auch nach diesen Interessen abstimmen (vgl. Truman, 1958: 23-35).

Obwohl Dahl und auch Truman von der untergeordneten Rolle wirtschaftlicher Interessengruppen überzeugt sind, relativiert insbesondere Dahl deren politischen Einfluss, da in einer pluralistischen Demokratie ein Zustand der ‚Dispersed Inequalities' vorherrscht. Demnach verfügen BürgerInnen entsprechend ihren Bedürfnissen und Interessen über politischen Einfluss, so dass es niemanden gibt, der von diesem System unberücksichtigt bleibt (vgl. Dahl, 1965: 85f, 27f):

„… though wage-earners lack social standing, they are not without other resources, including the ballot, and what they lack as individuals, they have more than make up in collective resources" (Dahl, 1965: 233).

Darüber hinaus besitzen wirtschaftliche Interessenverbände keinen unumschränkten Zugang zu politischen Entscheidungszentren und weisen organisationsstrukturelle Defizite auf. Aufgrund ihrer schwierigen internen Entscheidungsfindung sowie ihrer ausschließlich in Wirtschaftsfragen zutreffenden Expertise sind ökonomische Interessen nicht überproportional im politischen Entscheidungsprozess vertreten (vgl. Dahl, 1965: 75-84).

2.1.1.2 Einschränkungen für Interessengruppen

Die Macht von Interessengruppen wird durch externe Faktoren eingeschränkt. So ist in einer Demokratie die Wahl ein Instrument, welches einseitigen Machtanhäufungen entgegenwirkt. PolitkerInnen können während ihrer Regierungszeit nicht nur die Anliegen einer Interessengruppe berücksichtigen, da sie das Kalkül ihrer Wiederwahl in Betracht ziehen und somit einer Reihe anderer Bedürfnisse, Anliegen und Interessen gerecht werden müssen (vgl. Smith, 1990: 306; Truman, 1958: 23-35).

Der Gesetzgebungsprozess setzt sich aus einem Amalgam höchst unterschiedlicher AkteurInnen, Institutionen und formeller sowie informeller Vorgaben zusammen. (vgl. Smith, 1990: 305f.). In einer Verwaltung ist eine Vielzahl an Abteilungen mit der Bearbeitung eines Sachverhaltes beschäftigt und deshalb geht die politische Macht nicht von einem Einzelnen, einer Gruppe oder dem Volk aus. Der politische Prozess an sich setzt die Richtschnur für staatspolitische Entscheidungen und Dahl führt hierzu an:

„Neither the prevailing consensus, the creed, nor even the political system itself are immutable products of democratic ideas, beliefs, and institutions inherited from the past. For better or worse, they are always open, in some measure, to alteration through those complex processes of symbiosis and change that constitute the relations of leaders and citizens in a pluralistic democracy" (Dahl, 1965: 323).

Die politische Durchsetzungsfähigkeit von Interessengruppen steht in Verbindung mit deren sozialen Position. Die Größe einer Organisation, deren finanziellen Strukturen, deren Grad der Mobilisierungsfähigkeit sowie individuelle Fähigkeiten sind hierfür entscheidend (vgl. Truman, 1951: 267-269; Smith, 302-307). Das Zusammenspiel all dieser Faktoren determiniert den politischen Einfluss einer Interessengruppe. Darüber hinaus bestimmt die Zugangsmöglichkeit zu politischen EntscheidungsträgerInnen den Gestaltungsspielraum von Interessengruppen, die von Truman als ‚established relationship' bezeichnet wird (vgl. Truman, 1951: 354). Dennoch stellt eine bestehende Kommunikationsbeziehung zwischen einer Interessengruppe und EntscheidungsträgerInnen per se noch keinen Einfluss dar. Sie erhöht jedoch die Chance, eigene Agenden besser positionieren zu können und bildet für andere Interessengruppen eine große Hürde, ebenfalls am politischen Prozess teilzunehmen (vgl. Truman, 1951: 268-270; 399).

2.1.2 Weiterentwicklung pluralistischer Theorie

Die Annahmen des Pluralismus werden kritisiert, da diese zentrale Elemente des politischen Prozesses nicht berücksichtigen und den Willensbildungs- und Entscheidungsprozess auf einen bloßen Wettbewerb von Interessengruppen reduzieren. Eine Vielzahl anderer relevanter Faktoren (wie Wirtschaftskrisen, ideologisch-politische, gesellschaftlich-kulturelle oder historische Entwicklungen), die maßgeblichen Einfluss auf politische Entscheidungen haben, finden darin keinen Platz (vgl. Smith, 1990: 308f.).

Hervorzuheben ist, dass bereits Dahl anmerkt, dass dieser Ansatz zum Auftürmen sozialer Macht-Pyramiden führt und somit Ungleichheiten fördert (vgl. Dahl, 1965: 227). Zudem wurden pluralistische Annahmen in der Untersuchung „The Logic of Collective Action" von Mancure Olson (1965) kritisch analysiert und widerlegt. Olson kommt zum Schluss, dass die politische Durchsetzungskraft mit der Größe einer Interessengruppe korreliert:

> „Da relativ kleine Gruppen oftmals in der Lage sein werden, sich freiwillig zu organisieren und in Verfolgung ihrer gemeinsamen Interessen zu handeln, große Gruppen aber normalerweise dazu nicht in der Lage sein werden, wird das Ergebnis der politischen Auseinandersetzung zwischen den verschiedenen Gruppen in der Gesellschaft nicht gleichmäßig sein" (Olson, 1968: 125f).

Deshalb zeigen kleine Interessengruppen eine bei weitem höhere Aktivität und Effizienz in der Durchsetzung der Interessen ihrer Mitglieder und bieten einen Anreiz, diese Art der Zusammenschlüsse zu generieren (vgl. Olson, 1968: 125ff).

Das wissenschaftliche Pendant zum Pluralismus ist die Theorie des Korporatismus. Dieser sieht den politischen Prozess als einen Austausch institutionalisierter Gruppierungen, die gleichberechtigt an der Formulierung der Ziele beteiligt und im politischen Entscheidungsprozess inkorporiert sind (vgl. Czada, 1992: 218-224).

In der Untersuchung von Philippe C. Schmitter und Gerhard Lehmbruch (1979) werden Interessengruppen aus einer korporatistischen Perspektive definiert:

> „... the constituent units are organized into a limited number of singular, compulsory, non-competitive, hierarchically ordered and functionally differentiated cat-

egories, recognized or licensed (if not created) by the state and granted a deliberative representational monopoly within their respective categories in exchange for observing certain controls on their selection of leaders and articulation of demands and supports..." (Schmitter, 1979: 13).

In einer neuen Sicht wurde das Funktionieren eines Interessenausgleichs nicht mit der pluralistischen Grundannahme des Interessenwettbewerbes sondern mit der staatlichen Einbindung von Interessengruppen verstanden.

Pluralistische Gedanken spiegeln sich in aktuellen theoretischen Auseinandersetzungen mit Interessengruppen wieder. Insbesondere die Konzepte der ‚Policy'- und ‚Issue Networks' sind eng an den Pluralismus gekoppelt. Die Theorie der ‚Policy Networks' von Richardson und Jordan (1982) erklärt das politische System als Unterteilung sachlich voneinander abgrenzbarer Politikfelder, in denen es zu einem Austausch von Informationen und Ressourcen zwischen den zentralen AkteurInnen kommt (Richardson, 1985: 74). Darüber hinaus beschreibt die Theorie der ‚Issue Networks' (am Beispiel der USA) die Politik als Konglomerat von Netzwerken. Dieses wird von einer Vielzahl von Interessen beeinflusst, die in einem komplexen Prozess miteinander interagieren (vgl. Smith, 1990: 313). Die europäische Forschung steht im Zeichen des Policy Netzwerkansatzes, der den Austausch von Ressourcen zwischen Regierungsinstitutionen und Nichtregierungsinstitutionen in den Mittelpunkt seiner Betrachtung stellt. Policy Netzwerke werden als Ausdruck moderner Gesellschaften gesehen, in der sich die Politik aus AkteurInnen zusammensetzt, die in Form eines Austauschens und eines Verhandelns miteinander in Beziehung stehen. Der staatliche Entscheidungsprozess ist von einer Kooperationsbereitschaft der darin involvierten AkteurInnen geprägt. Somit wird der Policy Prozess einerseits von einem funktional aufgeteilten Staat und andererseits von einer Vielzahl von Interessengruppen bestimmt, die Informationen austauschen und in einem wechselseitigen Beziehungsgeflecht Einfluss ausüben (vgl. Mayntz, 1993: 39-56; Börzel, 1997: 1ff.; Michalowitz, 2004: 47).

2.2 Interessengruppen im poltischen System der EU

Die EU hat ihre Wurzeln in den Gründungsverträgen von 1951 (EGKS) und 1957 (EWG, EURATOM). Diese Abkommen von 6 Staaten (Deutschland, Frankreich, Luxemburg, Belgien, Niederlande, Italien) gelten als Reaktion auf die Ereignisse des Zweiten Weltkriegs. Die europäische Zusammenarbeit stellt ein Friedensprojekt dar, welches mithilfe wirtschaftlicher Kooperation Sicherheit und Stabilität garantieren sollte. Im Laufe der Jahrzehnte wurde die wirtschaftliche Zusammenarbeit intensiviert, da neue Herausforderungen einer zunehmend globalisierten Wirtschaft vermehrt einen transnationalen Regelungsbedarf erforderten. So wurden mit der Verabschiedung der Einheitlichen Europäischen Akte (1986) die Weichen für einen gemeinsamen Binnenmarkt gestellt. Mit dem Vertrag von Maastricht (1992) wurde die EU als übergeordneter Verbund der drei Säulen[2] der Gemeinschaften gegründet. Diese Entwicklung ist vor allem im Kontext des Falls des Eisernen Vorhangs zu betrachten, als die Europäische Gemeinschaft eine politische Neuorientierung und eine strukturelle Neuausrichtung suchte. In der Folge wurde mit den Verträgen von Amsterdam (1997) und Nizza (2001) die EU erweitert und ausgebaut (vgl. Nugent, 1999: 1-98; Bache/George, 2006: 79-176).[3]

2.2.1 Politikwissenschaftliche Betrachtung des europäischen Integrationsprozesses

Die Entwicklung der europäischen Integration wird im wissenschaftstheoretischen Diskurs kontrovers diskutiert: Einerseits wird die Ansicht vertreten, dass die EU einem konföderativen Staatenbund entspricht. Die Zusammenarbeit erfolgt als zwischenstaatliche Kooperation, ohne Abgabe nationaler Souveränitätsrechte. Demgegenüber steht die supranationale Sichtweise, in der die europäische Integration als Verlagerung der Entscheidungsmacht vom Nationalstaat hin zu einer europäischen Gesetzgebungskompetenz betrachtet wird. Die intergouvernementale Schule vertritt den konföderativen Ansatz, in dem die europäischen Entwicklungen als multilaterale Verhandlungen zwischen Staaten verstanden werden. Demgegenüber steht der neofunktionalistische Ansatz, der die europäische Integration hervorhebt, die zunehmend von supranationalen Entscheidungsmechanismen gekennzeichnet ist. Insbesondere in der Tradition einer neofunktionalistischen Sichtweise wird Interessengruppen eine wichtige Rolle im europäischen Einigungsprozess zugeschrieben (vgl. Bache/George, 2006; siehe auch: Andersen/Woyke, 1995: 102).

---

2 Die erste Säule der EU bildet die Europäiche Gemeinschaft (EG), in der über das Primärecht der EU in klar festgelegten Politikfeldern ein supranationales Gesetzgebungsverfahren ermöglicht wird. Die zweite Säule bezieht sich auf den Bereich der Gemeinsamen Außen- und Sicherheitspolitik und die dritte Säule auf die Schwerpunkte Justiz und Inneres. In der 2. und 3. Säule werden Entscheidungen auf dem Weg der zwischenstaatlichen Regierungszusammenarbeit gefällt (vgl. Schley, 2004: 59f., 127ff.).

3 Am 1. Dezember 2009 ist der Vertrag von Lissabon in Kraft getreten (vgl. Vertrag von Lissabon, 1997). Das Zustandekommen und die Auswirkungen dieses Vertrages wurden in dieser Untersuchung nicht berücksichtigt.

Ernst Haas (1958) gilt als Begründer der Denkrichtung eines Neofunktionalismus. Er analysierte die Ereignisse rund um die europäischen Gründungsverträge (EGKS, EURATOM, EWG) und bezeichnet die europäischen Kooperationen als Indiz einer zunehmenden supranationalen Fortentwicklung der politischen Prozesse. Nach Haas bringt die Zusammenarbeit in einem Politikbereich auch die Notwendigkeit in anderen Politikfeldern zu kooperieren mit sich, und umschreibt dies als ‚spill over' Effekte. Somit würde der Integrationsprozess immer weiter vorangetrieben, da besonders Interessengruppen Druck auf Regierungen ausüben, um die Ausweitung gemeinschaftlicher Regelungen zu fordern. Daraus folgert er, dass sich zunehmend europäische Interessen bilden, welche zu einer Kompetenzverschiebung vom Nationalstaat in Richtung Supranationalität führen (vgl. Stroby-Jensen, 2007: 85-98).

Der liberale Intergouvernementalismus von Andrew Moravcsik (1993) kann sowohl als Kritik wie auch Ergänzung und Erweiterung der neofunktionalen Annahmen gelten. Moravcsik kennzeichnet den europäischen politischen Prozess als dichotomes System, in dem sowohl Interessengruppen als auch Staaten eine wichtige Rolle einnehmen. Er geht davon aus, dass nationale Positionen im europäischen Entscheidungsprozess ein Resultat innerstaatlicher Entscheidungsfindung darstellen, wohingegen supranationale europäische Verhandlungspositionen nicht dieses Maß an Einfluss besitzen. Somit bleibe die Entscheidungsmacht weiterhin in nationalen politischen Systemen verhaftet (vgl. Bache/George, 2006: 13ff, 19).

Der intergouvernementale Ansatz wird kritisiert, da dieser nicht ausreichend den politischen Einfluss europäischer AkteurInnen (wie die Organe der EU oder europäische Interessengruppen) in den Entscheidungsprozessen berücksichtigt. So entwickelten u.a. Wayne Sandtholz und Alec Stone Sweet (1998) ihr Modell der „Supranational Governance". Sie gehen von der Annahme aus, dass die Transnationalisierung und Globalisierung eine erhöhte transnationale bzw. supranationale Normierungsnotwendigkeit hervorbringt. Jedoch schränken sie ein, dass dies nur in den Politikfeldern gilt, die von nationalstaatlichen Einrichtungen nicht mehr zu bewältigen sind. Deshalb sollte die EU nicht als homogenes Ganzes, sondern - abhängig vom Politikfeld - unter Berücksichtigung nationalstaatlicher oder supranationaler politischer Einflussfaktoren analysiert werden (vgl. Bache/George, 2006: 17ff., 20).

2.2.2 Europäischer Policy Cycle

Das europäische Gesetzgebungsverfahren basiert auf den Gründungsverträgen und deren vertraglichen Erweiterungen und Ergänzungen. Diese bilden das europäische Primärrecht, welches die formellen Vorgaben für das europäische Entscheidungsverfahren enthält. Die europäischen Rechtsakte sind jedoch das Resultat eines komplexen Prozesses unterschiedlicher AkteurInnen und Entscheidungsebenen. Dieses System des Regierens wird im wissenschaftlichen Diskurs auch als Multi-Level Governance bzw. Mehrebenensystem bezeichnet (vgl. Bache/George, 2006: 33-40), und die Einflusssphären für Interessengruppen werden als ‚Policy Cycles' begrifflich determiniert. In den ‚Policy Cycles' wird der europäische politische Prozess in vier teilweise überlappende Phasen eingeteilt. Am Beginn steht der Prozess der Willensbildung (Unterscheidung zwischen Politikformulierung und Agenda-Setting). Die zweite Kategorie bildet das Entscheidungsverfahren. Die dritte, und vierte Phase ergibt sich aus der Implementierung und der Evaluierung eines Rechtsaktes (vgl. Pollak, 2006: 118-143). Europäische Interessengruppen sind in diesen ‚Policy Cycle' eingebunden und deren Lobbyingarbeit, Strategien und Einflussmöglichkeiten werden von diesem determiniert.

2.2.2.1 Willensbildung

Im Prozess der politischen Willensbildung werden die zwei aufeinanderfolgenden Abschnitte der Politikformulierung und des Agenda-Setting unterschieden. Der Bezugsrahmen, in den beide eingebettet sind, gilt als Unterscheidungsmerkmal. So wird die Politikformulierung vor allem gesellschaftlich determiniert, wobei das Agenda-Setting eng an politische Mechanismen gekoppelt ist.

Politikformulierung

Der politische Entscheidungsprozess ist unmittelbar und mittelbar im Kontext eines gesellschaftlichen Problems zu sehen. Eine Aufgabe von Interessengruppen bildet hierbei, die gesellschaftliche Problematisierung ihres Anliegens, sodass daraus ein politisches Dossier entstehen kann. In der Regel benötigen sie hierfür die Unterstützung wichtiger gesellschaftspolitischer AkteurInnen (vgl. van Schendelen, 1993: 12f.). So muss im europäischen legislativen Rechtsetzungsverfahren vorerst ein allgemeines Problembewusstsein erzeugt werden. Die unterschiedlichen wirtschaftspolitischen Entwicklungen und normativen Ausrichtungen der Mitgliedsstaaten der EU entscheiden vorwiegend über die Konsensfähigkeit eines politischen Problems (vgl. Schumann, 1996: 223f.).

Die optimale Interessenvermittlung sollte so früh wie nur möglich ansetzen, um eine entsprechende Aufmerksamkeit in den Mitgliedsländern zu erreichen. So können Organisationen mit guten Kontakten zu nationalen Regierungen diese nutzen, um bei MinisterInnen ein Problembewusstsein zu erzeugen, sodass dies im Rat der EU thematisiert wird. Ferner können auf diese Weise politische Agenden in den jeweiligen Arbeitspapieren der halbjährlich wechselnden Ratspräsidentschaft integriert werden (vgl. Buholzer, 1998: 167).

Da sowohl der Rat der EU (EGV, Art. 208) als auch das Europäische Parlament (EP) mit dem Recht ausgestattet sind, die Kommission zum Handeln aufzufordern, ist auch das EP in der Phase der Politikdefinition interessant (im Vertrag von Maastricht 1992 wurde das Mitentscheidungsverfahren des EP im Artikel 251 EGV beschlossen). So hält van Schendelen fest: „The European Parliament is a major articulator of social issues. With a time-lag about four years, many of its recommendations and proposals tend to appear on the formal agenda of the Commission" (van Schendelen, 1993: 14). Diese Ebene der Intervention entspricht jedoch bereits der Phase des Agenda-Setting, da ein gesellschaftliches Problem schon eine gewisse Relevanz besitzen muss, wenn es auf die parlamentarische Tagesordnung gesetzt wird.

Agenda-Setting

Auf die Politikformulierung folgt die Phase des Agenda-Setting. Hier wird die Europäische Kommission als wichtigster Akteur angesehen, um Interessen in den Entscheidungsprozess integrieren zu können. Die Kommission wird auch als Motor des europäischen Integrationsprozesses bezeichnet, da sie als europäischste Institution der EU angesehen wird. Zudem antizipiert sie mit ihrem exklusiven Vorschlagsrecht (Art. 251, Abs. 2, EGV) die inhaltlichen Vorgaben des Rechtsetzungsaktes, welche im Rat der EU und dem EP beschlossen werden (vgl. Chabera, 2003: 96-104; Buholzer, 1998: 166-169; Nugent, 1999: 309-311; Greenwood, 2003). Eine Interessengruppe sollte ihre Strategie entlang einer nachhaltigen Kommunikationsbeziehung ausrichten, um im Rahmen der Positionsbestimmung und Standpunktentscheidung der Europäischen Kommission berücksichtigt zu werden. So sollte eine Interessengruppe dafür sorgen, dass ihr Anliegen in den Arbeitsprogrammen der Kommission, deren Stellungnahmen und vor allem in den Grün- und Weißbüchern[4] berücksichtigt wird (vgl. Buholzer, 1998: 170f.; 278).

---

4 Die Kommission definiert Grünbücher als veröffentlichte Mitteilungen, die zur Diskussion über einen bestimmten Politikbereich dienen. Sie richten sich vor allem an interessierte Dritte, Organisationen und Einzelpersonen, die dadurch die Möglichkeit erhalten,

Die Kommission erarbeitet Gesetzesvorschläge, die sich in vielen Fällen mit sehr komplizierten technischen Problemstellungen auseinandersetzen. Hierbei ist die Kommission oftmals nicht selbst in der Lage, eigenständig entsprechende Lösungen zu erarbeiten. Kohler-Koch stellt diesbezüglich fest:

„The Community organs, in particular the European Commission being responsible to initiate policy proposals, disposes of only limited resources and is therefore particularly open to external expert advice. It not only attracts but also organizes a dense network of consultation. In order not to become too dependent on expert knowledge provided by the member states it includes all kinds of private interests in the process of policy formulation" (Kohler-Koch, 1997: 3).

So sind Fachräte und Ausschüsse (ca. 700) zur Akquirierung von ExpertInnenwissen in der Kommission eingerichtet. Eine Interessengruppe, die vor allem eine europäische Perspektive vertritt, hat gute Chancen, Zugang zur europäischen Kommission zu erhalten (vgl. Pollak, 2006: 126ff.). Diese Form der Teilnahme am politischen Prozess hilft zudem persönliche Kontakte mit BeamtInnen herzustellen. Der europäische Gesetzgebungsprozess ist gekennzeichnet von einer Vielzahl an AkteurInnen und gleichzeitig ablaufenden legislativen Verfahren. Deshalb sind informelle Informationen eine Grundvoraussetzung für eine effiziente Interessenvertretung. Wer über gute persönliche Kontakte mit MitarbeiterInnen der Kommission verfügt, kann frühzeitig erfahren, wo und welches Dossier von wem bearbeitet wird (vgl. Buholzer, 1998: 289f.).

Die Phasen der Politikformulierung und des Agenda-Setting werden von AkteurInnen nationaler und supranationaler Verwaltungen, ExpertInnen und nationalen und transnationalen Interessengruppen bestimmt. Auch die beiden europäischen Institutionen EP und Rat sind in dieser Phase wichtige Akteure, wobei ihre Bedeutung steigt, nachdem ein Gesetzesvorschlag der Kommission den unmittelbaren Entscheidungsprozess startet.

2.2.2.2 Entscheidungsfindung

Der konkreten Entscheidung geht ein umfangreicher Verhandlungsprozess zwischen nationalen und supranationalen Ebenen sowie unabhängigen ExpertInnen

---

an der jeweiligen Konsultation und Beratung teilzunehmen. In bestimmten Fällen ergeben sich daraus legistische Maßnahmen. Weißbücher enthalten Vorschläge für ein Tätigwerden der Gemeinschaft in einem bestimmten Bereich. Sie folgen zuweilen auf Grünbücher, die veröffentlicht werden, um einen Konsultationsprozess auf europäischer Ebene einzuleiten. Während in Grünbüchern eine breite Palette an Ideen präsentiert und zur öffentlichen Diskussion gestellt wird, enthalten Weißbücher förmliche Vorschläge für bestimmte Politikbereiche und dienen dazu, diese Bereiche zu entwickeln (vgl. Portal der Europäischen Union, 2007).

und Interessenorganisationen voraus, während die breite Öffentlichkeit nur marginal informiert und beteiligt ist. Liegt ein formeller Gesetzesvorschlag vor, ist auch der Handlungsspielraum für InteressenvertreterInnen eingeschränkt. Sie können lediglich auf technische Unzulänglichkeiten des Vorschlags hinweisen oder versuchen, diesen zu blockieren (vgl. Pollak, 2006: 122). Der Rat der EU beschließt einstimmig, mit einfacher oder qualifizierter Mehrheit die Rechtsakte der EU. Diesem Organ sind jedoch die Einrichtungen wie der Ausschuss der Ständigen VertreterInnen (COREPER) und das Generalsekretariat des Rates mit seinen Ratsarbeitsgruppen vorgelagert. Darin werden die Vorschläge der Kommission geprüft und vorab wird versucht, einen gemeinschaftlichen Kompromiss zu erreichen. Ein Zugang für Interessengruppen wird unter besonderen Umständen gewährt, sofern das nationale Interesse eines Mitgliedstaates mit dem einer Interessengruppe stark korreliert. Darüber hinaus besteht die Möglichkeit, dass Interessengruppen mehrere Staaten zu einem intergouvernementalen Netzwerk aufbauen. Somit besteht eine große Chance, dass ihr Interesse die entsprechende Beachtung findet, um in einer Entscheidung des Rates berücksichtigt zu werden (vgl. Greenwood, 2003: 39-43).

Im Rahmen des Mitentscheidungsverfahrens des EP's (im Vertrag von Maastricht 1992 wurde das Mitentscheidungsverfahren des EP im Artikel 251 EGV beschlossen) wird diese Institution für Interessengruppen zunehmend relevant. Das EP behandelt in Ausschüssen Details eines Kommissionsvorschlags. Insbesondere die Auseinandersetzung mit technischen Fragen schafft einen Bedarf an Informationen (vgl. Greenwood, 1997: 90; Nugent, 1999: 312). Für InteressenvertreterInnen stellt sich die Möglichkeit der mittelbaren Einflussnahme im Falle einer Blockade oder Veränderung eines Kommissionsvorschlags: „You dont´t lobby the EP – you lobby the Commission and Council via the Parliament" (Baker, 1992: 9). Außerdem wird das EP als Arena der öffentlichen Meinungs- und Entscheidungsfindung bezeichnet, welches als Unterstützer für Umweltthemen und soziale Belange gilt. Insofern haben sich 27 fraktionsübergreifende Zusammenschlüsse – sogenannte ‚Intergroups' - gebildet, um den Informationsaustausch zwischen Abgeordneten und sozialen Interessengruppen zu verbessern. Diese informellen Parlamentariergruppen erfüllen nicht den Status eines offiziellen Organs des EP's. Sie haben dennoch Einfluss auf die Meinungsbildung im Parlament und dienen als wichtiger Schnittpunkt zwischen Interessengruppen und EP (vgl. Greenwood, 1997: 43; Nugent, 1999: 312).

2.2.2.3 Implementierung und Evaluierung

Die vom Rat der EU und dem EP beschlossenen Verordnungen und Richtlinien haben unterschiedliche Konsequenzen für die Mitgliedsstaaten. Verordnungen gelten unmittelbar in jedem Mitgliedsstaat, wohingegen Richtlinien erst wirksam werden, nachdem sie in staatliche Rechtsvorschriften transformiert sind. Das bedeutet für europäische Interessengruppen, dass diese über ihre nationalen Mitglieder agieren können. Sofern eine nationale Gruppe einen guten Zugang zu ihrer jeweiligen nationalen Verwaltung oder Politik genießt, kann sie mit ihrer Expertise nationale Verwaltungen unterstützen, beraten und mitunter beeinflussen (vgl. Buholzer, 1998: 187-193; Grant, 1993: 28-30).

Die Größe einer Interessengruppe und ihr verzweigtes nationales Netz an Mitgliedern erhöhen das Ausmaß an Repräsentativität und Legitimität. So ist beispielsweise das österreichische legislative Gesetzgebungsverfahren dadurch gekennzeichnet, dass im Rahmen der Begutachtung und Beratung relevante gesellschaftliche Gruppierungen hinzugezogen werden, um die gesellschaftliche Konsensfähigkeit eines Gesetzesentwurfes vorab zu testen (vgl. Müller, 1997: 77f.). Insofern ist für eine europäische Interessengruppe deren Vernetzung mit nationalen Organisationen wichtig. In dieser Phase des Policy Cycles bestimmt der Zugang zu staatlichen Entscheidungszentren das Maß der Einflussnahme von Interessengruppen.

Die europäische Interessengruppe gewinnt im Rahmen der Kontrolle der Vertragsumsetzung an Bedeutung. Die Kommission kann beim EuGH wegen Nichteinhaltung des Gemeinschaftsrechtes nach Art. 169 EGV klagen. Dies eröffnet für Interessengruppen eine gute Möglichkeit durch Informationen ihrer nationalen Mitglieder die Kommission bei der Überwachung der Vertragseinhaltung zu unterstützen. Darüber hinaus können Interessengruppen die Kommission mit Erfahrungsberichten unterstützen, wenn diese die Umsetzung von Gemeinschaftsrecht evaluieren. Es besteht durchaus die Chance, mittels Stellungnahmen eigene Interessen, Anliegen und Erfahrungen zu integrieren. Somit schließt sich der Policy Cycle und eine neue Willensbildungsphase wird gestartet (vgl. Buholzer, 1998: 190-193).

2.2.3 Supranationale Interessenvermittlung von Interessengruppen

In den Gründungsverträgen der Europäischen Gemeinschaften wurden Verbände kaum berücksichtigt. Lediglich im Artikel 46 EGKS wurden konsultative Rechte für Unternehmer, Arbeitnehmer, Verbraucher, Händler sowie ihre Verbände integriert (vgl. Lahusen/Jauß, 2001: 31). Die Unterzeichnung der EEA (1986) und der Beschluss über die Schaffung eines gemeinsamen europäischen Binnenmarktes erhöhten vor allem in wirtschaftlicher Hinsicht einen Regelungsbedarf. Dies führte zu einem rasanten Anstieg der in Brüssel agierenden Interessenvertretungen. Auch im Rahmen der Vorbereitungen zum Vertrag von Maastricht und der damit verbundenen politischen Erweiterung kam es erneut zu einem Anwachsen der in Brüssel stationierten Interessenvertretungen (vgl. van Schendelen, 1993: 5-8). Insbesondere die im Vertrag von Maastricht (1992) beschlossene Abkehr vom Einstimmigkeitsprinzip im Ministerrat, das Bekenntnis zu einer politischen Union, aber auch die Einführung des Mitentscheidungsverfahrens des EP's erhöhten das Interesse, den politischen Entscheidungsprozess mitzugestalten. Kohler-Koch hält dazu fest: „Interests always turn to where the power is" (Kohler-Koch: 1997, 2).

2.2.3.1 Die Heterogenität europäischer Interessengruppen

In wissenschaftlichen Arbeiten werden divergierende Zahlen über die genaue Anzahl der in Brüssel etablierten InteressenvertreterInnen genannt. Im Allgemeinen wird die Schätzung der Europäischen Kommission von 1992 herangezogen, in der von ca. 10 0000 Lobbyisten gesprochen wird.

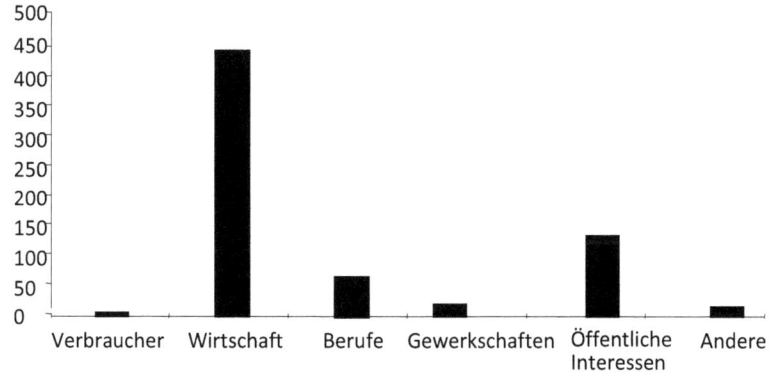

Abbildung 1 Die Zahl europäischer Interessenorganisationen nach der Art des Interesses (Quelle: Eigene Zusammenstellung nach Angaben von Greenwood, 1997: 59.)

Aus dieser Abbildung geht die Dominanz von Wirtschaftsvertretungen hervor. 65% der Interessengruppen haben ein ökonomisches Interesse, wobei cirka 20% ein öffentliches Anliegen vertreten (vgl. Greenwood 1997: 59). Die angegebene Zahlen und Kategorien bilden einen Richtwert und geben lediglich

Schätzungen über Anzahl und Typ europäischer Lobbyisten dar (vgl. Chabera, 2003: 61).

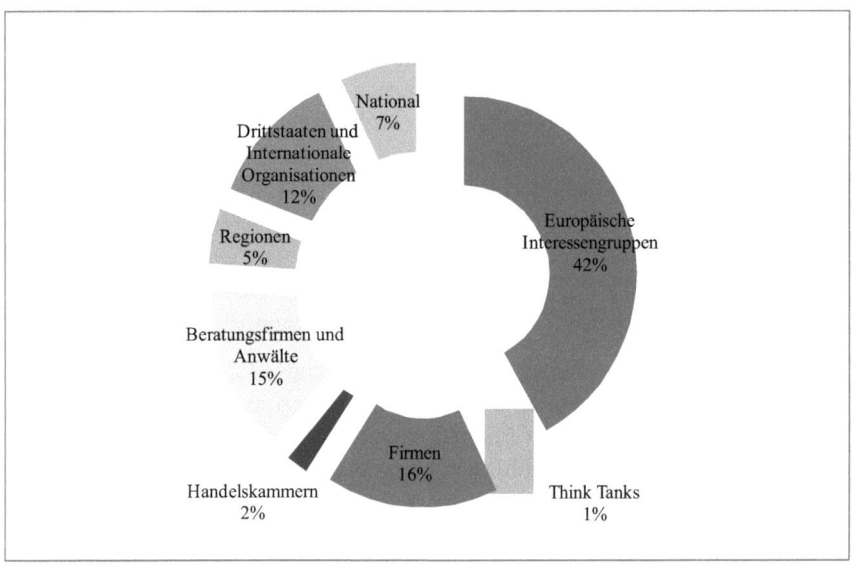

Abbildung 2 In Brüssel vertretene Interessengruppen (Quelle: Buholzer, 1998: 12f; Lahusen/Jauß, 2001: 54f.)

Zudem lassen sich Interessenvertretungen nach ihrer Organisationsform unterscheiden. Von den ca. 2000 Interessensorganisationen in Brüssel sind 828 europäische Interessenvertretungen, 320 Firmenrepräsentanzen, 131 nationale Interessengruppen, 135 Vertretungen untergeordneter Gebietskörperschaften, 142 BeraterInnen und 160 Anwaltsbüros. Darüber hinaus sind 46 Handelskammern, 14 Think Tanks, 177 Vertretungen von Drittländern und 86 Vertretungen von internationalen Organisationen hinzuzuzählen (vgl. Buholzer, 1998: 12f; Lahusen/Jauß, 2001: 54f).

2.2.3.2 Eurogroups

Die größte Gruppe europäischer Interessenvertretungen entsprechen europäischen Dachverbänden, welche auch unter der Bezeichnung ‚Eurogroups' subsumiert werden (vgl. Abbildung 2). Justin Greenwood unterscheidet vier große Gruppen:

1. Organisationen mit Wirtschaftsinteressen, wie beispielsweise die Vereinigung von Handel und Industrie („Association of European Chambers of Commerce and Industry"), der Zusammenschluss transnationaler Konzerne im „European Round Table of Industrialists" (ERT), der Ausschuss berufsständische landwirtschaftliche Organisationen im „Commitee of Agricultural Organisations in the EC" (COPA) sowie Vertretungen einzelner Konzerne (vgl. Greenwood, 2003: 74-123).

2. Vereinigungen die Berufsinteressen vertreten, wie beispielsweise die sektoralen Vertretungen der freien Berufe („European Council of the Liberal Professions"), Vertretung von Fach- und Führungskräften („Council of European and Managerial Staff"), sowie Assoziationen einzelner Berufsgruppen, wie die Vereinigung europäischer Ärzte („Standing Committee of European Doctors"), etc. (vgl. Greenwood, 2003: 124-148).

3. Vertretungen von Arbeitgeber- und ArbeitnehmerInneninteressen, wie die Vereinigung der ArbeitgeberInnen („Union of Industrial and Employers Confederations of Europe") und der Zusammenschluss zu einem Dachverband europäischer Gewerkschaften („European Trade Union Confederation") zählen ebenfalls zu den Eurogroups (vgl. Greenwood, 2003:149-174).

4. Öffentliche Interessen werden unterteilt in soziale Organisationen (z. Bsp. Caritas), Umweltschutzverbände wie der World Wide Fund for Nature (WWF), Konsumentenschutzverbände („The European Consumer´s Organisation") und eine Reihe anderer Vereinigungen, wie beispielsweise die „European Women Lobby" (EWL) (vgl. Greenwood, 2003:175-229) oder das in dieser Forschungsarbeit untersuchte „Europäische Behindertenforum" (EDF).

Diese Eurogroups unterscheiden sich nicht nur aufgrund ihres vertretenen Interesses, sondern weisen auch verschiedene Organisationsstrukturen auf.

2.2.3.3 Organisationsstruktur von Eurogroups

In Brüssel vertretene Interessengruppen verfügen über eine höchst unterschiedliche Ressourcenausstattung. Die Hälfte der europäischen Interessenvertretungen weist jeweils ein Jahresbudget von mehr als 100.000 Euro auf. Diese finanziellen Mittel werden entweder über Mitgliedsbeiträge oder öffentlichen Förderungen (soziale Eurogroups werden oftmals von der Europäischen Kommission finanziell unterstützt) aufgebracht. Ferner werden Brüsseler Vertretungen oftmals nur bei Bedarf eingerichtet bzw. umfassen ein Einmann/frau-Büros. Es finden sich auch Geschäftsstellen, welche bis zu über 50 Beschäftigte (wie beispielsweise die COPA) aufweisen. Im Schnitt haben Eurogroups ca. drei Angestellte (vgl. Greenwood, 2003: 214f.).

Neben der Größe weisen Eurogroups auch intern differenzierte Strukturen auf. In größeren Interessengruppen werden Entscheidungsprozesse und operative Handlungen über Statuten festgelegt. So werden in den Mitgliederhauptversammlungen (bei großen Interessengruppen einmal im Jahr) Arbeitsschwerpunkte festgelegt und Personalentscheidungen getroffen. Darüber hinaus werden geschäftsführende Organe wie ein Präsident und Exekutivorgane meist von der Hauptversammlung gewählt. Diese sind für die Arbeit der Interessengruppe über das Jahr verantwortlich und treffen die dafür benötigten Entscheidungen. Hierfür sind oftmals Fachkomitees eingerichtet, welche Themenfelder diskutieren, bearbeiten und für die Exekutivorgane vorbereiten. Für die operative Umsetzung der Arbeitsschwerpunkte ist das Personal des dafür eingerichteten Sekretariates zuständig (vgl. Nugent, 1999: 303-309). Die Mitarbeiter des Sekretariats lobbyieren, da sie es sind, welche die politischen Forderungen in den politischen Entscheidungsprozess integrieren.

In der Interessengruppenforschung wird die Annahme vertreten, dass eine ausdifferenzierte Organisationsstruktur nicht per se als Indikator für das Maß der politischen Einflussausübung herangezogen werden kann, da große Dachverbände oftmals Schwierigkeiten in der Bestimmung einer einheitlichen Position besitzen und sehr allgemeine politische Forderungen artikulieren.[5]

2.2.3.4 PolitikberaterInnen

Die europäische Interessenvermittlung findet nicht nur über organisierte Interessenvertretungen, sondern auch über professionelle LobbyistInnen statt. Diese verzeichnen im letzten Jahrzehnt einen großen Zuwachs. Mit den professionellen PolitikberaterInnen zeigen sich auch Veränderungen in der Interessenvermittlung (vgl. Lahusen/Jauß, 2001: 61).

Der Vorteil dieser Interessenvertretung liegt in der Flexibilität und Schnelligkeit der Interessenvermittlung zwischen Absender und Adressaten. Deshalb konnte sich diese Form der Interessenvermittlung zunehmend etablieren. Diese führte dazu, dass der europäische Entscheidungsprozess vor neue Herausforderungen gestellt wurde, da PolitikerInnen und BeamtInnen mit Anfragen von LobbyistInnen überhäuft wurden. Die europäischen Institutionen reagieren zunehmend darauf, indem beispielsweise die Europäische Kommission das Regist-

---

5 Siehe Kapitel „Erfolgskriterien für die Arbeit von Eurogroups".

rierungssystem „Consultation, the European Commission and Civil Society" (CONECCS) einrichtete. Das CONECCS wurde wieder geschlossen, da die Kommission ein neues freiwilliges Register für Interessenvertretungen ab 2008 erarbeitet (Europäische Kommission, 2008c). Diese zaghaften Versuche einer Regulierung brachten jedoch keine Veränderungen mit sich, da eine Nichteintragung keine negativen Konsequenzen mit sich brachte und somit von vielen nicht genutzt wurde (vgl. Buholzer, 1998: 17-20; Chabera, 2003: 131-138).

PolitkberaterInnen verfügen weder über eine demokratische Legitimation noch über eine politische Glaubwürdigkeit (wegen mangelnder Repräsentativität) und sind in demokratiepolitischer Hinsicht sehr fragwürdig. Dennoch wird die Ansicht vertreten, dass die Aufgabe von Beratungsbüros tendenziell in der Informations- statt Interessenvermittlung zu sehen ist. Deshalb verdrängen diese keineswegs eigenständige Interessenvertretungen, vielmehr führte diese Entwicklung zu einer generellen Professionalisierung der Interessenvermittlung (vgl. van Schendelen, 1993: 289; Lahusen/Jauß, 2001: 60ff.).

Exkurs: Soziale Eurogroups

In den letzten 10 bis 15 Jahren entstand eine Reihe sozialer Eurogroups. Dieser Anstieg wird als Folge der Ausweitung europäischer Kompetenzen in der Sozialpolitik gewertet. Gerade die sozialpolitischen Entwicklungen durch die Verträge von Maastricht (1992) und von Amsterdam (1997) führten dazu, dass die EU ein Akteur in sozialen Fragen wurde (vgl. Greenwood, 2003: 175-185).

Die Entstehung vieler sozialer Eurogroups lässt sich auf die Mitte der 90er Jahre datieren. Eine Vielzahl dieser Organisationen entwickelte sich als Resultat sozialpolitischer Aktionsprogramme der Kommission und wurden/werden von dieser finanziell unterstützt und gefördert (60 bis 90 Prozent der Budgets sozialer Eurogroups sind Förderungen der Kommission), wie dies u. a. für die „Platform of European Social NGO's" zutrifft:

„The European Social NGO Platform is an EU-sponsored, Brussels based, coalition of European NGO networks and federations of voluntary and social welfare organizations formally launched in 1994 to promote a semi-institutionalised dialogue between NGO's, EU institutions, national governments, and labor and employer interests on social policy matters" (Cullen, 1999: 4).

Damit wurde ein Kommunikations- und Informationsaustausch zwischen Kommission und sozialen Interessengruppen hergestellt. Dennoch werden die Förderprogramme der Europäischen Kommission seitens der MitarbeiterInnen von sozialen Interessenvertretungen kritisch kommentiert:

„... the funding situation is critical and that a majority feel that their work is being in jeopardy as a result of heavy bureaucratic management procedures and structures within the different Commission services dealing with NGO funding" (Lahusen/Jauß, 2001: 67).

Die Europäische Kommission betreibt mit diesen Förderprogrammen eine Strategie, die als *„integration by stealth"* bezeichnet wird (Greenwood, 2003: 216). Die finanzielle Unterstützungspraxis, entspricht dem strategischen Kalkül der Kommission, die politische Unterstützung für die Expansion der Befugnisse zu erkaufen (vgl. Eising/Kohler-Koch, 2005: 24; Mabbett, 2005: 97-120; Hvinden, 2004: 304-306).Trotz der Unterstützung bindet die Kommission soziale Interessengruppen nicht in Entscheidungsprozessen ein: „... the Commission [...] often moving forward without strategic oversight, partly in ignorance of demands from public interests, but nevertheless open to input from them" (Greenwood, 2003: 217). Dieser kritischen Einschätzung wird entgegengehalten, dass insbesondere die Fähigkeiten der VertreterInnen sozialer Eurogroups entscheidend für deren Einfluss im politischen Entscheidungsprozess sind:

„The generalist with high intellectual abilities, a practical knowledge of the implicit rules of the game, and social competence to be able to move with ease in a multi-cultural and multi-lingual environment. He is accustomed to working in a flexible organisational context and to gain and trade the good most needed in European decision-making, that is expert knowledge" (Kohler-Koch, 1997: 9).

Das Motiv des europäischen Engagements sozialer Eurogroups wird weniger als Ausdruck einer sozialen Bewegung, sondern als politische Opportunitätsmöglichkeit formuliert und als Fortführung nationaler Organisationsstrukturen definiert (vgl. Eising/Kohler-Koch, 2005: 24f.). Marks und McAdam führen diesbezüglich an:

„The unique 'political opportunity' structure of the EU is said to adapt and transform traditional grass roots social movement organizations into interest groups and lobbying-oriented organizations geared towards engaging political institutions" (Marks, McAdam, 1996, zit. nach: Greenwood, 2003: 179).

Deshalb werden die Maßnahmen, welche seitens europäischer Institutionen gesetzt wurden bzw. werden, als entscheidender Auslöser einer Organisierung vieler sozialer Eurogroups definiert. Demnach entstehen supranationale Interessengruppen in Reaktion auf europäische Politik oder in Antizipation geplanter Maßnahmen. Die Interessengruppenforschung stuft die Organisationsfähigkeit sozialer Eurogroups im Vergleich zu Interessengruppen mit ökonomischem Hintergrund aufgrund deren fehlenden Expertise zu europäischer Politik und der ökonomischen Ausrichtung der EU als gering ein (vgl. Eising/Kohler-Koch, 2005: 21-29).

2.3 Erfolgskriterien für die Arbeit von Eurogroups

Was macht eine erfolgreiche Interessengruppe im Mehrebenensystem der EU aus und wie ist diese organisiert, um eine optimale und effiziente Interessensvertretung zu garantieren? In der folgenden Betrachtung werden eine Reihe von Indikatoren genannt, die eine erfolgreiche Interessenvermittlung im europäischen Willensbildungs- und Entscheidungsprozess bestimmen.

2.3.1 Partizipation im europäischen Policy Cycle

Der legislative Prozess der EU ist ein Mehrebenensystem, in dem der Erfolg der Interessenvermittlung vom Wissen abhängt, wo, was und wann entschieden wird (vgl. Greenwood, 2003: 29f). Die Komplexität des europäischen Rechtsetzungsaktes, die Vielzahl an AkteurInnen und die eingeschränkte Ressourcenlage auf Seiten der europäischen Organe verlangen ein strategisches Vorgehen, in dem die ‚decision rules' (Richardson, 2001: 22) bekannt sind. Die Interessengruppenforschung bringt die Integrationsfähigkeit europäischer Interessengruppen in Verbindung mit dem Zugang zu europäischen Entscheidungszentren: Sofern ein Dachverband darin eingebunden ist, steigt die Bereitschaft nationaler Mitglieder diesen als zentralen Zugangskanal zur EU zu nutzen. Bezüglich der Einbindung von Interessengruppen wird darauf verwiesen, dass vor allem die Kommission bevorzugt europäische Verbände in ihre Beratungen einbezieht (vgl. Eising/Kohler-Koch, 2005: 23f., 29).

2.3.1.1 Zugang zur Europäischen Kommission

Die Europäische Kommission hat zwei Typen von Ausschüssen eingerichtet, in denen Standpunkte diskutiert und Informationen gesammelt werden. Einerseits werden Beratungen mit nationalen BeamtInnen und ExpertInnen gebildet und andererseits sind Ausschüsse mit europäischen Interessengruppen eingerichtet. Hierbei wird unterschieden zwischen ständigen Ausschüssen und ad-hoc Komitees, die im Rahmen der Entwurfsphase eines Kommissionsvorschlags einberufen werden (vgl. Greenwood, 203: 55). Über die genaue Anzahl dieser Ausschüsse liegen lediglich Schätzungen vor. Diese variieren zwischen 600 (vgl. Wirtschafts- und Sozialausschuss 2001) und 1200 ExpertInnengruppen (vgl. Coen, 1997). Die fehlende rechtliche Bindungswirkung dieser Konsultationseinrichtungen führt dazu, dass sie oftmals nur Diskussionsforen präsentieren und lediglich rudimentär Einfluss auf konkrete Kommissionsentwürfe haben. Dennoch stärkt die Teilnahme von Interessengruppen an Konsultationen ihre Glaubwürdigkeit und gilt als Grundvoraussetzung für den Aufbau langfristiger

Kommunikationsbeziehungen mit BeamtInnen. Ferner ermöglicht eine Teilnahme das eigene Anliegen in Konsultationsverfahren zu festigen. Gleichzeitig lassen sich die Positionen anderer Interessengruppen, welche entweder ähnliche (eventuell Koalitionenbildung) oder gegensätzliche Standpunkte (Kenntnis der Gegenparteien) vertreten, in Erfahrung bringen.

2.3.1.2 Zugang zum Europäischen Parlament

Das EP ist ebenfalls für externe Anfragen zugänglich, da es einen Bedarf an Informationen hat. Dies wird oftmals damit begründet, dass die Entwürfe der Kommission eine sehr hohe technische Fachexpertise verlangen und die Abgeordneten des EP's (MEP's) sich aufgrund Zeitmangels nicht intensiv damit auseinandersetzen können. Zudem ist das EP das einzige gewählte Organ der EU, weshalb die ParlamentarierInnen für Anliegen einer europäischen Öffentlichkeit offen sind, um ihre Glaubwürdigkeit unter Beweis zu stellen (vgl. Pollak, 2006). In den Ausschüssen des Parlaments werden die Vorschläge der Kommission diskutiert, überarbeitet und modifiziert. Für jedes politische Dossier, mit dem sich ein Ausschuss beschäftigt, wird jeweils ein/e BerichterstatterIn (Rapporteur) ernannt, der/die für die inhaltliche Untersuchung des Kommissionsvorschlags verantwortlich ist. Die Ergebnisse dieser Untersuchung werden im Ausschuss besprochen und im Falle eines Konsenses beschlossen. Das Plenum setzt sich nicht mehr mit inhaltlichen Details auseinander, sondern übernimmt die Stellungnahmen des jeweiligen Ausschusses. Für InteressenvertreterInnen heißt dies, dass sie ihr Anliegen dementsprechend zu positionieren haben, um sowohl in den Ausschüssen als auch gegenüber den Berichterstattern als Informant herangezogen zu werden (vgl. Greenwood, 2003; 57-60).

Die Einflussnahme auf das EP wurde in den letzten Jahren vor allem von LobbyistInnen der Wirtschaft genutzt, wobei mit der Etablierung sogenannter ‚Intergroups' insbesondere für öffentliche Interessen ein neuer Zugangskanal geschaffen wurde. Diese fraktionsübergreifenden Zusammenschlüsse von ‚MEP's' befassen sich vor allem mit sozialen Agenden (Europaparlament, 2007). Pauline Cullen sieht in den Intergroups eine neue Chance für soziale Interessengruppen, ihre Anliegen zu artikulieren: „For some interests, intergroups can represent a 'best chance' for interest groups in the EU, particularly for those who lack access elsewhere to institutional structures " (Cullen, 1999: 7f.).

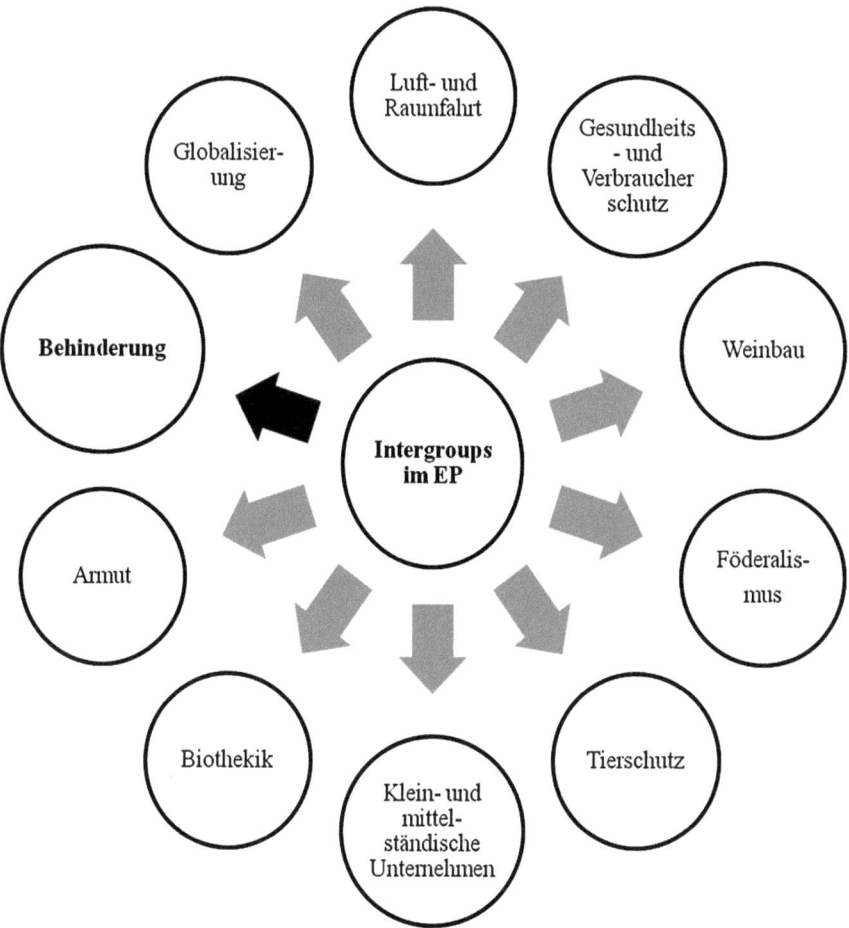

Abbildung 3 Offizielle Intergroups im Europäischen Parlament (Quelle: Europaparlament, 2007.)

Das EP hat somit zwei Zugangskanäle: Erstens über die jeweiligen Ausschüsse und deren Berichterstatter und zweitens über die Intergroups, wobei in beiden Fällen langfristige Interessenvermittlungsstrategien die größte Aussicht auf Erfolg versprechen.

Sowohl die Europäische Kommission als auch das EP haben Kommunikationsplattformen eingerichtet, wodurch sie in Verbindung mit Interessengruppen stehen. Für Interessengruppen ist es wichtig, darin vertreten zu sein, um einen anerkannten Status gegenüber den Institutionen zu erhalten. Einschränkend sei jedoch erwähnt, dass eine Partizipation nicht zwangsläufig ein Garant dafür ist, Einfluss tatsächlich auszuüben. Sie stellt jedoch eine Grundbedingung dar, um von europäischen Institutionen berücksichtigt zu werden.

2.3.2 Mehrebenenstrategie

InteressenvertreterInnen operieren in einem komplexen System, welches multiple Zugänge zu europäischen EntscheidungsträgerInnen bereithalten. Diese Möglichkeit wird von einer großen Anzahl von InteressenvertreterInnen und LobbyistInnen genutzt. Um in diesem Umfeld Interessen optimal vertreten zu können, ist in Anlehnung an das Mehrebensystem eine Mehrebenenstrategie zu befolgen. Kohler-Koch bemerkt hierzu:

„... interest groups have adapted to the multi-layer character of the European system by establishing organizations at all levels, building direct channels of contact to supranational as well as to national political actors, and seeking to get involved in all the relevant national, transnational and supranational networks" (Kohler-Koch, 1997: 3).

Die Netzwerkfähigkeit und die Allianzenbildung sind zwei Schlüsselelemente für eine effiziente Interessenvermittlung.

2.3.2.1 Aufbau eines Netzwerks

Die EU entspricht einem Mehrebenennetzwerk ohne dominierendes Entscheidungszentrum. Dennoch gibt es zwei Einflussebenen, die in einem ständigen wechselseitigen Spannungsfeld stehen. Dies sind zum Einen die supranationalen Organe der EU (wie Kommission und EP) und zum Anderen der intergouvernementale Bereich über den Rat der EU. InteressensvermittlerInnen müssen beide Ebenen nutzen, um ihre Anliegen zu vertreten, indem sie sowohl eine europäische als auch eine nationale Strategie anwenden. Dies erfordert den Aufbau eines gut funktionierenden Koordinations- und Kommunikationsnetzwerkes zwischen europäischen und nationalen Interessengruppen (vgl. Buholzer, 1998: 266-270).

Die Anwendung einer Mehrebenenstrategie hängt von der Fähigkeit der Interessengruppe ab, inwieweit diese verschiedene Einflusspfade zu nutzen vermag. Diese Strategie erfordert einen hohen Einsatz an personellen und finanziellen Mitteln, wobei eine vertikale Vernetzung der europäischen Interessengruppe mit nationalen Organisationen hilft, Synergien zu nutzen und vorhandene Ressourcen zu optimieren. Der Aufbau eines Netzwerks hängt von zwei Faktoren ab: Erstens, ob es für die verschiedenen Interessengruppen überhaupt möglich ist eine gemeinsame Position zu bestimmen. Zweitens, ist die Bildung eines

Netzwerks davon abhängig, ob es ähnliche Interessenschwerpunkte gibt. Denn Interessengruppen müssen übergeordnete Ansichten teilen, um langfristig zusammenarbeiten zu können (vgl. Buholzer, 1998: 270-274; vgl. Lahusen/Jauß, 2001: 83-97, 105).

2.3.2.2 Bildung von Allianzen

Die europäische Interessensvermittlung lässt eine Tendenz erkennen, in der es zunehmend zur Bildung kurzfristiger Koalitionen und Allianzen kommt. Die Fragmentierung und Differenzierung des europäischen Entscheidungsprozesses führt dazu, dass manche Interessengruppen ausschließlich in Bereichen, wo ähnliche oder deckungsgleiche Anliegen vorhanden sind, kurzfristig mit anderen Gruppen zusammenarbeiten. Lahusen und Jauß sprechen in diesem Kontext von der Bildung von ad hoc-Allianzen, die ausschließlich in einem sachspezifischen Bereich zusammenarbeiten. Im Gegensatz zu den Netzwerken bilden die Allianzen lose Verbindungen mit zeitlicher Begrenzung und ergänzen die jeweilige Mehrebenenstrategie (vgl. Lahusen/Jauß, 2001: 69-74).

In manchen Fällen führte eine Allianz zu der Bildung einer europäischen Interessengruppe. So gilt die Bildung der „European Women Lobby" (EWL) als Resultat einer Forcierung der Zusammenarbeit verschiedener europäischer und nationaler Stellen zum Thema Frauenpolitik (vgl. Lahusen/Jauß, 2001: 74; Weiermair, 1995: 43-50).

2.3.3 Informationsvermittlung

Das Potenzial einer Interessengruppe Informationen zu vermitteln, bestimmt mitunter deren Einflussmöglichkeiten. In der wissenschaftlichen Auseinandersetzung mit Interessengruppen wird festgestellt, dass die Interessendomäne ausschlaggebend für die eigene Handlungsfähigkeit ist, da mit einer größeren Spezifität der Interessendomäne auch die verbandsinterne Interessenkohärenz steigt (Eising/Kohler-Koch, 2005: 29).

2.3.3.1 Bestimmung der eigenen Position

Die konkrete Strategie von InteressenvertreterInnen ergibt sich aus der Bestimmung zweier Faktoren: Erstens wie sieht die für das Lobbying relevante Umwelt aus und zweitens, welche konkrete Vorgehensweise ergibt sich daraus. Die eigene Strategie ergibt sich zumeist aus getroffenen Meta-Entscheidungen. Diese Entscheidungshilfen resultieren aus einem Konglomerat gruppeninterner Prioritäten- und Zielsetzungen und Entwicklungen des europäischen Gesetzgebungsprozesses. Den InteressenvertreterInnen kommt hierbei die Aufgabe zu, die europäischen Institutionen sowie Positionen wichtiger AkteurInnen zu beobachten und diese Beobachtungen und Informationen an die Exekutivorgane bzw. Entscheidungsgremien der Interessengruppe weiterzuleiten (vgl. Lahusen/Jauß, 2001: 91f.).

Mit der Bestimmung der eigenen Position wird die Entscheidung getroffen, ob eine aktive oder eine passive Lobbyingstrategie angewandt wird. Ein reaktives und passives Verhalten resultiert meist aus der Einschätzung, dass sich eigene Intervention nicht lohnt oder die Position eines Trittbrettfahrers effizienter erscheint. Zudem hat ein Nichtintervenieren oftmals mit Kosten-Nutzenüberlegungen der Interessengruppe zu tun und hängt unmittelbar mit deren finanziellen Ressourcenausstattung zusammen (vgl. Lahusen/Jauß, 2001: 91f; Buholzer, 1998. 45-48).

Die strategische Vorgehensweise ergibt sich somit einerseits aus den Bedingungen des europäischen Gesetzgebungsprozesses und andererseits aus den Entscheidungen, die eine Interessengruppe sowohl kurzfristig in den Entscheidungsgremien, mittelfristig in den Arbeitsprogrammen und langfristig in Form interner Statuten und Prinzipien festlegt.

2.3.3.2 Frühzeitiges Handeln

Die politische Agenda bildet den Rahmen des gesamten politischen Entscheidungsprozesses. Gerade die Maßnahmenkataloge, Grün- und Weißbücher sowie Stellungnahmen geben Auskunft über Ansichten, Problembewusstsein und Lösungsvorschläge der Europäischen Kommission. Die Aufgaben der InteressenvertreterInnen liegen sowohl in der Schaffung eines Problembewusstseins als auch im Bereitstellen adäquater Lösungen zum richtigen Zeitpunkt:

„The timing of interest representation is dominated by the procedural rules of EU decision-making. Timing is considered to be most essential for successful performance. Any handbook on lobbying gives advice that contacts have to be made as early as possible. In view of the European policy-making process this would be at the stage of agenda setting and definitely before the Commission submits the formal proposal to the EP" (Kohler-Koch, 1997: 11)

Buholzer bezeichnet dies als ‚bottom-up' Lobbying und meint damit, dass eine Einflussnahme bereits im mittleren bzw. unteren Verwaltungsbereich der Kommission („desk officer"), bei den BerichterstatterInnen oder den MitarbeiterInnen der Ausschusssekretariate sowie der Fraktionen des EP zu beginnen hat. Denn gerade auf diesen Ebenen wird die meiste Information von außen benötigt (vgl. Buholzer, 1998: 278f).

2.3.3.3 Schnelles Handeln

InteressenvertreterInnen müssen ihre Information rasch, kurz, sachlich, verständlich, repräsentativ und glaubwürdig präsentieren. Da die Expertise meist nicht von den Lobbyisten selbst, sondern von den Mitgliedern der Interessengruppe kommt, ist es erforderlich, dass die InteressenvertreterInnen ihre ExpertInnen (Mitglieder der Interessengruppe) entsprechend informieren und vorbereiten, sodass diese zentrale Inhalte ihres Anliegens möglichst einfach und verständlich europäischen BeamtInnen oder PolitikerInnen darlegen können (vgl. Lahusen/Jauß, 2001: 101-104).

Insbesondere größere Eurogroups weisen aufgrund ihrer differenzierten internen Entscheidungsmechanismen eine oftmals langsame, schwerfällige Entscheidungsfindung auf, die sehr allgemein abgefassten Beschlüssen hervorbringt. Dies führt dazu, dass InteressenvertreterInnen oftmals nicht den Erfordernissen des europäischen Willensbildungs- und Entscheidungsprozesses entsprechen. Denn die Handlungsfähigkeit wird einerseits von der Erwartungshaltung der Mitglieder und andererseits von den Vorgaben der ‚decicision rules' des europäischen Entscheidungsprozesses bestimmt. Somit trifft eine Einflussauf eine Mitgliedschaftslogik (vgl. Streeck, 1994: 13ff). Die Fähigkeit schnell reagieren zu können, wird dadurch beeinflusst, inwieweit InteressenvertreterInnen einen optimalen Balanceakt zwischen europäischer Interessenvermittlung und der Erwartungshaltung ihrer Mitglieder schaffen.

2.3.3.4 Konstruktives Handeln

Die konstruktive Strategie ist zumeist sowohl kurzfristig wie auch langfristig erfolgreicher als eine passive abwartende Haltung. Aktives Mitgestalten wird von Seiten europäischer EntscheidungsträgerInnen positiv wahrgenommen und hat die beste Aussicht auf Erfolg, sofern eine europäische Problemlösung vertreten wird. Für VertreterInnen von Interessengruppen gilt es, glaubwürdig zu sein und partikularistische Interessen im Kontext eines größeren Prozesses zu sehen (vgl. Lahusen/Jauß, 2001: 93-97; Buholzer, 1998: 280-285).

Im Rahmen eines konstruktiven Mitwirkens hat sich die Kommunikationsstrategie entsprechend anzupassen: „Das heißt PR verfolgt ein längerfristiges Interesse, weshalb die Etablierung und Stabilisierung der Beziehungen zum Adressaten genauso hoch oder höher gewertet werden als die kurzfristige Beeinflussung" (Lahusen/Jauß, 2001: 99).

Defensive und verhindernde Strategien wirken sich negativ auf die Glaubwürdigkeit einer Interessengruppe aus. Insbesondere informelle Informationsbeziehungen fußen auf einem Vertrauensverhältnis, wobei InteressenvertreterInnen glaubhaft den Eindruck vermitteln müssen, konstruktiv an gemeinsamen Problemlösungen arbeiten zu wollen.

2.3.4 Die Kenntnis informeller Abläufe

Frühzeitiges, schnelles und konstruktives Handeln sind Bedingungen für eine optimale Interessenvermittlung. Dies ist wiederum von den Kenntnissen der Interessenvermittler über die politischen Prozesse der EU abhängig. Dies wird – wie bereits erörtert – einerseits von deren formellen Eingebundenheit (konsultativen Einrichtungen der Europäischen Kommission und EP) und andererseits von informellen Kontakten bestimmt.

Viele Themenfelder werden zur selben Zeit von der Kommission bearbeitet. Wer wo und wann wichtig ist, sollte mit einer „arena analysis" (van Schendelen, 2002: 131.) festgestellt werden. Die Qualität einer Umfeldanalyse korreliert mit dem Umfang und der Qualität des informellen Netzwerkes von InteressenvertreterInnen. So bemerkt Justin Greenwood: „Brussels is very much an insider's town, where operating effectively depends upon a dense network of interpersonal and interorganisational links" (Greenwood, 1997: 5).

Der Aufbau eines informellen Netzwerks ist von mehreren Faktoren abhängig. So können einerseits die Repräsentativität und die Gruppengröße ausschlaggebend dafür sein, dass InteressenvertreterInnen zu informellen Konsultationen eingeladen werden (vgl. Lahusen/Jauß, 2001: 90). Andererseits bestimmen persönliche Kontakte mit EntscheidungsträgerInnen den Umfang ihrer Kenntnisse und Informationen. Diese Kontakte können aus einer Reihe identitätsstiftender Faktoren, wie ähnliche Interessen (Kultur, Freizeit), Ausbildungswege (Universität, Studienbekanntschaften), Nationalitäten (Kontakt wurde bereits im Entsendestaat hergestellt) oder persönlichen Anliegen (ähnliche Erfahrungen) gebildet werden (vgl. Buholzer, 1998: 289f.).

Die formellen und informellen Netzwerke bestimmen, in welchem Stadium des Policy Cycles InteressenvertreterInnen im europäischen Willensbildungs- und Entscheidungsprozess hinzugezogen werden. Die europäischen Institutionen sind zwar offen, aber nicht vollständig transparent und deshalb ist die Kenntnis über den Stand eines Gesetzgebungsverfahrens wichtig, um entsprechend reagieren zu können (vgl. Buholzer, 1998: 288).

3 Das Politikfeld Behinderung

Aus der eingangs zitierten Selbstbeschreibung des EDF wird darauf abgezielt, eine differenzierte Betrachtung dieser Interessengruppe zu ermöglichen. Die folgende Darstellung umreißt die Lobbyingmarterie, und gibt Einblick über die Forderungen an politisch-administrative EntscheidungsträgerInnen. Denn das jeweilige Politikfeld ist die abhängige Variable der Einflussausübung (vgl. Bache, Ian/George, Bache, 2006²).

Die internationalen und europäischen politischen Entwicklungen stellen die Rahmenbedingungen für eine Behindertenlobby dar. Deshalb werden erstens Einblicke in den Diskurs rund um den Begriff Behinderung gegeben, die den inhaltlichen Geltungsrahmen abstecken. Hierbei wird Bezug auf divergierende Betrachtungsweisen im Verständnis bzw. Umgang mit Behinderung genommen. Zweitens, die Darstellung von Behinderung als Politikfeld umreißt Dimensionen im Hinblick auf politikwissenschaftliche Kategorien, wie öffentliche Meinung, Arbeitsmarkt, Partizipation, europäischer Integration und internationale Entwicklungen. Und drittens, der chronologische Abriss zur Genese einer europäischen Behindertenpolitik untermauert den Zusammenhang zwischen Policy und Organisationsbildung.

3.1 Begriff: Behinderung

Wer behindert ist, erfährt oftmals Reaktionen der Geringschätzung, des Bedauerns oder des Mitleids. Diese Erwiderungen sind für behinderte Menschen nicht nur unangenehm, sie sind zudem Ausdruck einer gesellschaftlichen Stigmatisierung, die oftmals zu Ausgrenzung und einer ungleichberechtigten Teilnahme im öffentlichen Leben führt. Da gesellschaftliches Bewusstsein auch für die eigene Selbstwahrnehmung ein Referenzmodell darstellt, bedeutet dies eine Erschwernis der Selbstakzeptanz (vgl. Bloemers, 2004: 130-138):

> „Solange das Behindertenschicksal immer noch als bedauernswert, ‚nichtseinsollend' empfunden wird, solange erfordert es vom einzelnen Behinderten noch viel Mut sich im normalen Leben als normaler Mensch behaupten zu wollen. Das Schlimmste ist, dass es ihm schwer gemacht wird, es einfach erst einmal zu lernen. Und wenn er es lernt, dann nur unter verhältnismäßig großen Anstrengungen. Und das nicht weil er behindert ist, sondern weil er durch die Nichtanerkennung und persönliche Nichtrespektierung behindert ist" (Saal, 1992: 77).

Somit hat nicht nur Behinderung per se, sondern dessen Wahrnehmung großen Einfluss auf das gesellschaftliche Verständnis und in weiterer Folge auf staatliche Regelungen. Deshalb kommt der begrifflichen Festlegung von Behinderung eine große Bedeutung zu, da diese weder diskriminierend noch exklusiv sein sollte (vgl. Wendell, 1996: 11-34):

„Good definitions of impairment and disability should recognize that normal (i.e. unimpaired) physical structure and function, as well as normal (i.e., non-disabled) ability to perform activities, depend to some extent on the physical, social, and cultural environment in which a person is living, and are influenced by such factors as what activities are necessary to survival in an environment and what abilities a culture considers most essential to a participant" (Wendell, 1996: 22).

Werden die verwendeten Definitionen von Behinderung in nationalstaatlichen Gesetzen betrachtet, so ist erkennbar, dass viele davon auf einem medizinischen Ansatz basieren. Sie gehen von physischen, intellektuellen oder psychischen Defiziten der betroffenen Personen aus und lassen umfeldbedingte Faktoren weitgehend außer Acht. Im Gegensatz dazu fließen im aktuellen Diskurs über Behinderung zunehmend gesellschaftliche und umweltbedingte Ursächlichkeiten ein (vgl. Bundesministerium für Soziales und Konsumentenschutz: 2008: 9).

3.1.1 Das medizinische Modell unter Berücksichtigung der Festlegung einer Behinderung in Österreich

Im medizinischen Modell wird Behinderung als individuelles Problem eines Menschen verstanden, das durch Krankheit oder Unfall hervorgerufen wurde, und das eine medizinische bzw. therapeutische Behandlung durch entsprechend geschultes Fachpersonal notwendig macht. Das medizinische Modell von Behinderung stellt nicht die besonderen Fähigkeiten und Talente des einzelnen Menschen, sondern seine sogenannten Defekte in den Vordergrund - der körperliche oder geistige Zustand eines behinderten Menschen wird als Abweichung von der Norm, als Defizit, und als negative persönliche Eigenschaft betrachtet. Die Festlegung von Behinderung anhand individueller Unzulänglichkeiten des Körpers oder des Geistes wird von medizinischen Kriterien bestimmt. Dabei werden physische, psychische oder intellektuelle Beeinträchtigungen mit Behinderung gleichgesetzt. Die Entwicklungen in der Medizin als auch der Rehabilitation haben zum Ziel, behinderte Menschen so weit als möglich ein normales Leben zu gewährleisten bzw. diese in ein solches wieder einzugliedern (vgl. Hermes, 2003; Thomas, 2002: 40-41).

Ungeachtet ethischer Fragen, welche die medizinische Forschung im Bereich der Prävention von Behinderung aufwirft, weist der Bezug auf dem Normalen gesellschaftspolitische Probleme auf. Diese Betrachtung führt zu einer Tradierung von Vorurteilen und bezüglich Rehabilitationsmethoden wird angeführt, dass diese „... die Auswirkungen einer Beeinträchtigung als persönliche Tragödie auf die eigene Lebensweise [...] betonen, welche in markantem Unterschied zur funktionalen Lebensweise nichtbehinderter Menschen steht" (Johnston, 2004: 169). Die Kausalität zwischen Behinderung und Beeinträchtigung wird auch von einigen VertreterInnen der medizinischen Soziologie geteilt. Sie sehen die individuelle Einschränkung als Hauptgrund für die verminderte Handlungsaktivität. Es wird darauf verwiesen, dass eine Erkrankung (beispielsweise Arthritis oder Multipler Sklerose) auch die Handlungsfähigkeit der Betroffenen einschränkt (vgl. Bury, 2000: 1075).

Die Festlegung einer Behinderung wird in Österreich anhand der Richtsatzverordnung von 1965 gemäß des Kriegsopfer und Versehrtengesetzes (KOVG) durchgeführt.[6] Ausgehend von der Minderung der Erwerbsfähigkeit werden unterschiedliche physische und psychische Beeinträchtigungen prozentuell festgelegt. Die unterschiedlichen Einschränkungen und Krankheiten werden in Gruppen eingeteilt und für jede Beeinträchtigung wird eine Feststellung des Grades der Behinderung bestimmt. So wird beispielsweise der Verlust der rechten Hand mit 50 bzw. 60[7] Prozent in der Minderung der Erwerbsfähigkeit bemessen (vgl. Richtsatzverordnung, 1983). Dieses Bewertungsverfahren zeigt jedoch mehrere Schwächen auf: Erstens nimmt die Gleichsetzung körperlicher Einschränkungen mit verminderten Erwerbschancen keinen Bezug auf die individuellen Lebensumstände der betroffenen Person. So werden vor allem intellektuelle Beeinträchtigungen (wie beispielsweise Down-Syndrom), aber auch körperliche Einschränkungen (Querschnittlähmung) mit einer 100prozentigen Minderung der Erwerbsfähigkeit eingestuft. Die potenzielle Arbeitsfähigkeit wird nicht berücksichtigt. Zweitens werden nicht alle Krankheiten berücksichtigt. So wird die Erkrankung am HIV-Virus nicht erfasst. Und drittens umfasst dieses Bewertungsverfahren antiquierte gesellschaftliche Wertvorstellungen: Einer Frau bis zum 21. Lebensjahr wird der Verlust der Ovarien mit 50% bemessen, wohingegen ab 50 keine Beeinträchtigung laut Richtsatzverordnung vorliegt. In Österreich wurde mit dem Beschluss des Behindertengleichstellungsgesetzes[8] (BGStG), welches ab 2006 in Kraft trat, ein neuer Weg in der Betrachtung einer Behinderung eingeschlagen. Darin wird Behinderung definiert als

„...die Auswirkung einer nicht nur vorübergehenden körperlichen, geistigen oder psychischen Funktionsbeeinträchtigung oder Beeinträchtigung der Sinnesfunk-

---

6 Ab September 2010 ist die Einschätzverordnung in Kraft getreten.
7 Ist abhängig von einer Links- oder Rechtshändigkeit.
8 Das Behindertengleichstellungsgesetz ist als Umsetzung der europäischen Nichtdiskriminierungsrichtlinien 2000/78/EC und 2000/43/EC die für Menschen mit Behinderung vor allem eine Gleichbehandlung in Beschäftigung vorsehen, zu werten.

tionen, die geeignet ist, die Teilhabe am Leben in der Gesellschaft zu erschweren" (BGStG, §3).

Das besondere am BGStG sind dessen Nichtdiskriminierungsbestimmungen, welche als Indikator für eine sich allmählich verändernde gesellschaftliche und politische Wahrnehmung von Behinderung herangezogen werden kann (vgl. BIZEPS: 2008a). Das österreichische Recht kennt noch weitere Definitionen von Behinderung, welche dieser Begriffsdefinition ähneln. Allen ist gemeinsam, dass die Behinderung eine gewisse Schwere aufweisen und voraussichtlich eine gewisse Zeit andauern muss. Dennoch ist die Festlegung von Behinderung vor dem Hintergrund sozialpolitischer Konstruktionen von Behinderung zu analysieren und zu betrachten (vgl. Naue, 2006), in denen die Bewertung einer Behinderung von medizinischen Kriterien dominiert wird.

3.1.2 Das soziale Modell

Im Gegensatz zum medizinischen Modell von Behinderung geht das soziale Modell davon aus, dass Einschränkungen und Probleme behinderter Menschen nicht ausschließlich, aber in erster Linie durch die Gesellschaft hervorgerufen werden, und durch den Abbau von Barrieren weitgehend gelöst werden können. Behinderung wird hier nicht als individuelles Schicksal und nicht als negatives Persönlichkeitsmerkmal einer Person gesehen, sondern als eine Ansammlung von Gegebenheiten betrachtet, die oft durch gesellschaftliche Strukturen hervorgerufen werden. Von VertreterInnen des sozialen Modells wird die Ursache einer Behinderung nicht aus einer individuellen Perspektive betrachtet, sondern im Kontext gesellschaftlicher Rahmenbedingungen verortet.

> „The possibility was opened up that the restriction of activity and myriad disadvantages experienced by people with impairments could be placed at the door of society, seen as a consequence of the social relationships between the impaired and the non-impaired, rather than as caused by impairment per se" (Thomas, 2002: 9f.).

Die Betrachtung einer sozialen Ursächlichkeit von Behinderung ist im Zusammenhang mit den in den 1970er Jahren entstandenen US-amerikanischen Bürgerrechtsbewegungen zu sehen. Die Forderung nach Gleichbehandlung aller Gesellschaftsgruppen führte u.a. zur Entstehung des „Independent Living Movement" (ILM)[9]. Die AktivistInnen des ILM kritisierten wohlfahrtsstaatliche Einrichtungen dahingehend, da sie behinderten Menschen ein selbstbestimmtes Leben vorenthalten. Ein großer Erfolg der amerikanischen Behindertenrechtsbe-

---

9   Im deutschsprachigen Raum wird darunter die Selbstbestimmt-Leben Bewegung verstanden. Siehe dazu: Miles-Paul, Ottmar (1992).

wegung war die Verabschiedung des Antidiskriminierungsgesetzes „Americans with Disabilities Act" (ADA) im Jahre 1990. Es verbietet die Diskriminierung von Menschen aufgrund ihrer Behinderung in allen wesentlichen öffentlichen Bereichen; wie öffentlich zugänglichen Geschäften, Diensten und Verwaltungen, der Telekommunikation, dem Verkehrswesen und dem Arbeitsleben. Diese Entwicklung führte zunehmend zur Einforderung von BürgerInnenrechten für behinderte Menschen. (vgl. Miles-Paul, 1992: 18-20, 28-34; Barnes/Mercer, 2004: 116-123).

Die heute international agierende Behindertenbewegung wird bei ihrem politischen Kampf für Selbstbestimmung, Emanzipation und politische Teilhabe von VertreterInnen der „Disability Studies" unterstützt (vgl. Waldschmidt, 2003: 13f.). Dieser interdisziplinäre Forschungsansatz untersucht gesellschaftliche, politische, ökonomische und kulturelle Faktoren, um ursächliche Zusammenhänge der gesellschaftlichen Exklusion behinderter Menschen zu bestimmen. Mit ihrer interdisziplinären Ausrichtung werden Konstruktionen von Behinderung aus einer Reihe unterschiedlicher Wissenschaftsdisziplinen[10] (wie z.B. Soziologie, Rechts-, Geschichts-, Literatur-, Wirtschafts- und Kulturwissenschaften) greifbar gemacht. Das primäre Ziel liegt nicht in der Vermeidung, Verbesserung oder Heilung einer Beeinträchtigung, sondern in der kritischen Analyse der sozialen Prozesse von Behinderung (vgl. Fleischer/Zames, 2001: 33-48; Disability Studies in Deutschland, 2008)[11]. Die VertreterInnen der Disability Studies betrachten die politische Partizipation behinderter Menschen als zentrale Prämisse um Veränderungen im Umgang mit behinderten Menschen herbeizuführen. Deshalb ist neben der wissenschaftlichen Analyse des Behindertenbegriffs vor allem die Stärkung behinderter Menschen und behindertenspezifischer Organisationen einer ihrer Schwerpunkte (vgl. Finkelstein, 1980; Oliver, 1990; Barnes, 1991; Morris, 1991; Barton/Oliver, 1997).

Die wissenschaftliche Auseinandersetzung mit dem Begriff Behinderung ist jedoch geprägt von unterschiedlichen Auffassungen über die Ausrichtung der Disability Studies. Das trennende Element zeigt sich vor allem in der divergierenden Auffassung darüber, wie stark Behinderung aus einer individuellen Perspektive gesehen werden kann. Dieser Ansatz wird von VertreterInnen eines medizinisch-soziologischen Zugangs, als realitätsfern bezeichnet, da Auswirkungen physischer und psychischer Einschränkungen auf das Leben der Betroffenen vollkommen negiert werden (vgl. Bury, 2000: 1075). Diesem Argument wird entgegengehalten, dass das soziale Modell einen Trennstrich zwischen einer persönlichen Einschränkung (aufgrund einer Behinderung) und gesellschaft-

---

10 Siehe dazu den Sammelband: Eberwein/Sasse, 1998.
11 In Anlehnung an: Gill, 1998.

lichen verursachten Restriktionen (aufgrund einer Behinderung) setzt. Individuelle Einschränkungen bezeichnet Carol Thomas als ‚impairment effects' (Thomas, 2002: 44f.), die jedoch nicht für gesellschaftliche Exklusion verantwortlich sind. Denn nicht die Medikamentation schränkt den Menschen mit Arthritis ein, sondern das Fehlen eines Liftes oder einer Rolltreppe hindert ihn am Zugang eines Gebäudes und somit auch an einer gesellschaftlichen Teilhabe (vgl. Johnson, 2004: 170f). Den VertreterInnen des medizinischen Modells wird vorgeworfen: „... Bury and others actually side-step the necessity to engage with the idea that disability is a form of social oppression, something that they are happy to contemplate in other sets of social relationships associated with gender, 'race', sexuality and class" (Thomas, 2002: 44f.). Die skizzierten Modelle führen dazu, dass Behinderung nicht nur in Bezug auf wohlfahrtsstaatliche Fürsorge, sondern im Zusammenhang einer gesellschaftlichen Diskriminierung betrachtet wird, wie sich nachfolgend in der Entwicklungshistorie der Definition von Behinderung auf internationaler Ebene zeigt.

3.1.2.1 International Classification of Impairments, Disabilities and Handicaps

1980 wird von der Weltgesundheitsorganisation (WHO) Behinderung erstmals auf internationaler Ebene festgelegt. Die „International Classification of Impairments, Disabilities and Handicaps" (ICIDH) wurde im Hinblick auf das internationale Jahr der Behinderten (1981) verfasst und stellt eine Klassifikation für die verschiedensten Behinderungen und Beeinträchtigungen dar, um damit vergleichbare Zahlen für internationale Statistiken zu erhalten (vgl. Firlinger: 2003: 23; WHO, 2005: 4; Wendell, 1996I3-19). Im ICIDH wurde Behinderung anhand von drei Kategorien definiert:

> „Impairment: Any loss or abnormality of psychological, physiological, or anatomical structure or function. Disability: Any restriction or lack (resulting from an impairment) of ability to perform an activity in the manner or within the range considered normal for a human being. Handicap: A disadvantage for a given individual, resulting from an impairment or disability, that, limits or prevents the fulfillment of a role that is normal, depending on age, sex, social and cultural factors, for that individual.
>
> Handicap is therefore a function of the relationship between disabled persons and their environment. It occurs when they encounter cultural, physical or social barriers which prevent their access to the various systems of society that are available to other citizens. Thus, handicap is the loss or limitation of opportunities to take part in the life of the community on an equal level with others " (UN, 1983: l.c. 6-7, zit. nach: Wendell, 1996: 13).

‚Impairment' bezeichnet Schäden einer psychischen, physischen oder anatomischen Funktionsstruktur. ‚Disability' umfasst eine Fähigkeitsstörung, die aufgrund der Schädigung entstanden ist. Als ‚Handicap' gelten soziale Benachteiligungen, welche aufgrund der Schäden und/oder der Fähigkeitsstörung (Behinderung) entstehen.

Hervorzuheben an der ICIDH ist ihr universeller Charakter, da sie auch unsichtbare Einschränkungen (z. Bsp. chronische Krankheiten) mit einschließen. Insbesondere der Hinweis, dass soziale Faktoren die Ursache einer Beeinträchtigung darstellen, ist ein Indiz für die multiple Kausalität der Ungleichbehandlung aufgrund einer Behinderung. Der ICIDH wird jedoch vorgeworfen, dass sie sich vom medizinischen Verständnis von Behinderung nicht loslösen konnte, da sie weiterhin Funktionen und Fähigkeiten behinderter Menschen an regionalen Wertvorstellungen festmacht. Wird in einem Kulturkreis die Kenntnis des Lesens und Schreibens nicht als gesellschaftlich wichtig eingestuft, so wird blinden Menschen auch die entsprechende Ausbildung unmöglich gemacht, da der Unterricht nicht etwa in Gebärdensprache abgehalten wird (vgl. Wendell, 1996: 13-19).

3.1.2.2 International Classification of Functioning, Disability and Health

Im Jahre 2001 kam es zu einer Weiterentwicklung des ICIDH zur „International Classification of Functioning, Disability and Health" (ICF). Ein wichtiges Element der ICF ist die Fortentwicklung zu einer Klassifizierung, welche nicht mehr die Krankheitsfolgen, sondern vielmehr den Gesundheitszustand individueller Personen beurteilt. Der Schwerpunkt liegt auf der Beschreibung von Funktionen und Fähigkeiten des/der Einzelnen. Somit wird das Leben vielschichtig beurteilt und die Beschreibung von Defekt und Defizit tritt in den Hintergrund (vgl. WHO, 2005: 10; Firlinger, 2003: 121f).

Das ICF bewertet die „Funktionsfähigkeit" eines Menschen und umfasst Aspekte der funktionalen Gesundheit. Im Rahmen der Festlegung von Behinderung ist entscheidend, wie ein Mensch hinsichtlich einer Vielzahl an Kontextfaktoren[12] lebt. Neben der Körperbeeinträchtigung wird sowohl Bezug auf die Aktivitäten der betroffenen Person als auch deren Partizipation in den jeweiligen Lebenssituationen hinsichtlich der Festlegung einer Behinderung herangezogen. Eine Beeinträchtigung liegt dann vor, wenn ein Mensch Schwierigkeiten bei der

---

12 Im Rahmen der Kontextfaktoren wird die physikalische, soziale und einstellungsbezogene Umwelt, in der ein Mensch das eigene Leben gestaltet, verstanden (ICF, 2005: 5; 16).

Durchführung einer Aktivität erfährt und/oder mit Problemen konfrontiert wird, welche diese Person aufgrund ihrer Beeinträchtigung hinsichtlich der Teilnahme in allgemeinen Lebenssituationen erfährt (WHO, 2005: 16). Mit der ICF ist die WHO den Weg des Kompromisses zwischen dem medizinischen und dem sozialen Modell von Behinderung gegangen. Die Beschreibung täglicher Aktivitäten, die Gestaltung der persönlichen Umgebung, die Nutzung sozialer Unterstützung, Hilfsmittel, Dienste und Leistungen stehen hierbei im Mittelpunkt. Es wird jedoch kritisch angemerkt, dass die körperliche Funktionsfähigkeit und die gesellschaftliche Teilhabe immer an der Norm des Menschen ohne Beeinträchtigung gemessen werden. Darüber hinaus hat diese Festlegung kaum Auswirkung auf nationalstaatliche Vorgehensweisen, in der auch weiterhin medizinische Sichtweisen von Behinderung dominieren (vgl. Puschke, 2005; Firlinger, 2003: 121f.).

Die kontroverse Sichtweise von Behinderung, welche in beiden Zugängen zum Ausdruck kommt, vermag nicht die Lebenswelt behinderter Menschen unmittelbar zu beeinflussen. Dennoch eröffnete gerade das soziale Modell neue Perspektiven und beeinflusste den Diskurs über die begriffliche Definition von Behinderung sowohl auf nationaler wie auch internationaler Ebene.

3.1.3 Aktuelle Entwicklungen: Forderung der gleichen Rechte für Alle

Die aktuellen Analysemodelle von Behinderung bauen vorwiegend auf dem sozialen Modell von Behinderung auf. Die Thesen werden jedoch kritisiert, da deren Erklärungswert begrenzt ist und gesellschaftliche und makroökonomische Entwicklungen, wie die der Transnationalisierung und Globalisierung, nicht ausreichend berücksichtigt werden. Der Fokus auf kulturelle und historische Faktoren sollte die Basis liefern, um Behinderung auch in diesem Kontext zu analysieren (vgl. Thomas, 2002: 46-51;).

Die kulturwissenschaftliche Auseinandersetzung mit dem Behinderungsbegriff fragt, inwieweit „Behindert sein, normal sein kann": Nunmehr geht es nicht darum, von der Welt der „Normalen" aus die Lebenssituation behinderter Menschen zu untersuchen, um ihnen bei der Bewältigung ihrer schwierigen Lebenssituation zu helfen. Vielmehr gilt es, Behinderung als erkenntnisleitendes Moment für die Analyse der Mehrheitsgesellschaft zu benutzen, als eine Lebensbedingung, die schlagartig Aspekte zum Vorschein bringt, welche verborgen geblieben wären, hätte man sich mit der „normalen" Perspektive begnügt und wäre von einer unversehrten Leiblichkeit in einer fraglos geltenden Welt ausgegangen (Waldschmidt, 2003: 16).

In Europa zeigt sich zudem eine Tendenz, dass behinderte Menschen ihr Recht an einer gleichberechtigten Teilhabe einfordern. AktivistInnen leiten aus rechtlichen Bestimmungen der BürgerInnenrechte die Forderung der Herstellung einer allgemein gewährleisteten Chancengleichheit ab. Zentrale Postulate lauten (vgl. Johnson: 2004: 172f):

- Selbstbestimmung
- Freie Festlegung der politischen Agenda von behinderten Menschen
- Etablierung einer demokratischen und rechtlichen Durchsetzbarkeit der Rechte von behinderten Menschen
- Rechtliche Sanktionen gegen jeden Akt von Behindertendiskriminierung.

Diese Entwicklungen untermauern eine zunehmend kritische Auseinandersetzung mit dem Begriff Behinderung. Die gesellschaftliche Diskriminierung behinderter Menschen rückt zunehmend ins Blickfeld und dies sowohl auf internationaler wie auch nationaler Ebene.

3.2 Politische Dimensionen von Behinderung

Ein politisches Problembewusstsein geht der politischen Entscheidung voraus. Der Politologe Benjamin Barber hält fest: „… das Bedürfnis nach Politik entsteht, wenn öffentlich bedeutsames Handeln notwendig wird und Menschen eine öffentliche Entscheidung fällen müssen, die trotz gegebener Uneinigkeit vernünftig ist, obwohl eine unabhängige Begründung fehlt" (Barber, 1994: 106). In vorliegenden Fall werden Ursachen dargestellt, welche die politischen Entscheidungen im Politikbereich Behinderung determinieren.

3.2.1 Öffentliche Meinung: Behinderung: (K)Ein Einzelschicksal

Die öffentliche Meinung umfasst soziale Anliegen, Wertigkeiten und Forderungen an die Politik. Mit dem sozialwissenschaftlichen Instrument der Befragung wird in Form systematisierter Umfragen mit einer repräsentativen Auswahl von Personen die öffentliche Meinung zu einer definierten Fragestellung erhoben (vgl. Kleinsteuber; 2004: 600f.).

In einer 2001 durchgeführten Eurobarometerumfrage wurden 16.000 EuropäerInnen befragt, um verlässliche Daten über den Informationsstand und das Bewusstsein über Behinderung zu erhalten. Die wichtigsten Ergebnisse dieser Studie belegen, dass mehr als fünf Prozent der BürgerInnen in Europa von sich selbst behaupten eine Behinderung zu haben, wohingegen ein Viertel der EuropäerInnen vermutet, dass ein Anteil von 20 Prozent oder mehr der Bevölkerung in ihrem Land behindert sind. Etwa sechs von zehn EU-BürgerInnen kennen in ihrem unmittelbaren oder mittelbaren Umfeld einen Menschen mit einer Langzeiterkrankung, Behinderung oder Invalidität. Ein Viertel der EuropäerInnen gibt an, dass ein Familienmitglied behindert sei. Zwei Prozent kennen in der Schule ein behindertes Kind, und vier Prozent haben behinderte ArbeitskollegInnen. 97 Prozent der EuropäerInnen meinen, dass etwas getan werden müsste, um Menschen mit Behinderungen besser in die Gesellschaft zu integrieren (beispielsweise durch einen erleichterten Zugang zu öffentlichen Räumen). 93 Prozent der Befragten sind der Meinung, dass mehr Geld zur Beseitigung von Barrieren, die das Leben körperlich behinderter Menschen erschweren, zu investieren ist (vgl. Eurobarometer, 2001; Eurostat, 2003).

Die Studienautoren konstatieren einen geringen Informationsstand der Befragten in Bezug auf die verschiedenen Behinderungen und die damit zusammenhängenden Probleme. Zudem wird festgestellt, dass die von den EuropäerInnen zum Ausdruck gebrachte Meinung nicht unbedingt ihr Verhalten im Alltag wiedergibt. So sehen sich acht von zehn Befragten in der Gegenwart behinderter Menschen als unbefangen, wohingegen über 40 Prozent der Auffassung sind, dass andere Menschen damit Probleme haben (vgl. Eurostat, 2003).

Die Meinung der BürgerInnen sollte auch in der ‚veröffentlichen' Meinung[13] ihren Niederschlag finden. In einer Analyse von Behinderung in der Tagespresse wird festgestellt, dass Printmedien eine Tradierung verankerter Stigmatisierungen unterstützen. In Presseberichten werden verwendete Bilder und vorgefasste Meinungen der LeserInnen bestätigt (vgl. Galehr, 2005). Denn Informationen der Kommunikationsmedien werden von KonsumentInnen selektiv wahrgenommen, um oftmals eigene Wertvorstellungen zu bestätigten (vgl. Schiller, 1995: 445). Es lässt sich festhalten, dass ein großer Anteil der Bevölkerung unmittelbar oder mittelbar mit Behinderung konfrontiert ist, und der subjektive Wille eine Veränderung herbeiführen zu wollen, vorhanden ist und EntscheidungsträgerInnen zum Handeln aufgefordert werden.

---

13 In der Politikwissenschaft wird zwischen öffentlicher und veröffentlichter Meinung unterschieden. Zielt ersteres darauf ab, die Einstellungen von Parteirepräsentanten, Politikern und BürgerInnen zu fokussieren, wird die veröffentlichte Meinung im Zusammenhang mit Massenmedien betrachte (vgl. Kleinsteuber; 2004: 600-601).

3.2.2 Situation am Arbeitsmarkt: Zwischen Beschäftigung und Versorgung

Behinderte Personen gehörten in Zeiten des Arbeitskräfteüberschusses neben Frauen, älteren ArbeitnehmerInnen, Jugendlichen, Ausländern und BewohnerInnen von strukturschwacher Regionen zu den Gruppen von Menschen, die besonders von Arbeitslosigkeit betroffen sind. In dem Bericht der Europäischen Kommission über die „Situation behinderter Menschen in der erweiterten Europäischen Union" (2005) wurde die Beschäftigungsquote behinderter Menschen dokumentiert: Für das Jahr 2002 geht die EU davon aus, dass 15,7 Prozent der Bevölkerung der damaligen 15 EU-Mitgliedsstaaten ein lang andauerndes Gesundheitsproblem oder eine Behinderung haben. Aber nur rund 40 Prozent der Menschen mit Behinderung sind erwerbstätig. In absoluten Zahlen ausgedrückt sind dies 44,6 Millionen Menschen im erwerbsfähigen Alter. Zwischen Behinderung und zunehmendem Alter besteht außerdem ein enger Zusammenhang: Fast 30 Prozent der Menschen in der Altersgruppe der 55 bis 64-jährigen haben eine Behinderung (vgl. Europäische Kommission, 2005).

Die Beschäftigungsproblematik behinderter Menschen wird auch mit Ergebnissen einer Untersuchung des europäischen statistischen Zentralamtes (Eurostat) untermauert. Behinderte Menschen werden mit mindestens zwei bis dreimal größerer Wahrscheinlichkeit arbeitslos - und dann für längere Zeiträume - als andere Erwerbspersonen. 78 Prozent der Menschen mit schweren Behinderungen im Alter von 16-64 Jahren nehmen nicht am Erwerbsleben teil. Bei den Menschen mit lang andauernden Gesundheitsproblemen und Behinderungen sind es an die 27 Prozent (vgl. Dupré, Didier/ Karjalainen, Antti, 2003: 1).

In den erhobenen Zahlen zeigen sich jedoch große nationalstaatliche Unterschiede: In der EU gaben 16,4 Prozent der Befragten im erwerbsfähigen Alter - d. h. jeder Sechste - an, von einem lang andauernden Gesundheitsproblem oder einer Behinderung betroffen zu sein. In den acht bei der Untersuchung erfassten neuen Mitgliedsstaaten lag der Anteil bei 14,3 Prozent. So lag Finnland mit 32,2 Prozent an der Spitze, Beitrittskandidat Rumänien war mit ungefähr sechs Prozent Schlusslicht (vgl. Eurostat, 2003a).

Mit nationalstaatlichen arbeitsmarktpolitischen Maßnahmen wird auch versucht der Beschäftigungsproblematik behinderter Menschen zu begegnen. Die angewandten Methoden orientieren sich an unterschiedlichen sozialprogrammatischen Ausrichtungen:

> "In the last decade, an increasing emphasis has indeed been placed in the EU Member States to reinforce the social and labour market inclusion of people with disabilities. The approaches followed can be divided into two types of measures: the contri-

butory benefits transfer programs (the passive measures) and employability and integrate persons with disabilities into the labour market (the active measures)" (Shima/Zólyomi/Zaidi, 2008: 2).

Die sozialprogrammatischen Konzeptionen sind entweder an transferorientierte wohlfahrtsstaatliche Ausrichtungen oder an arbeitsmarktintegrative Maßnahmen gekoppelt (vgl. OECD, 2003). Die nationale Behindertenpolitik wird nach Mary Croxen von einer „hidden agenda" gesteuert, die sich im Spannungsfeld zwischen medizinischen und sozialen Definitionen von Behinderung befindet (Croxen, 1985: 43f.): „A close relative of the medical model is the 'social welfare model' which sees medical impairments as automatically resulting in disadvantage and exclusion, which can be ameliorated by cash benefits and other social welfare policies" (Mabbett, 2002: 20). Die wohlfahrtsstaatliche Transferleistungspolitik wird von vielen kritisiert, da sie es ist, die behinderte Menschen vom Arbeitsprozess ausschließt:

„Thus disabled persons were depicted not as subjects with legal rights but as objects of welfare, health and charity programs. The underlying social policy behind such a legal response has been one that segregates and excludes people with disabilities from mainstream society, sometimes providing them with special schools, sheltered workshops, and separate housing and transportation. This policy was justified by the pervasive belief that disabled persons were incapable of coping with either society at large or all or most major life activities" (Degener/Quinn, 2008).

Die Kritiker sozialfürsorglicher staatlicher Maßnahmen sehen einen Zusammenhang zwischen dem Ausschluss aus der Erwerbstätigkeit und einer erhöhten Armutsgefahr. Staatliche Unterstützungen in Form von sozialen Transferleistungen im Falle einer Erwerbsunfähigkeit sichern einen Mindeststandard, ermöglichen jedoch keine selbstständige Lebensführung und führen zu wirtschaftlicher Abhängigkeit. Mit dem Konzept der sozialen Exklusion wird hervorgehoben, dass die Kausalität von Armut nicht nur aus der Perspektive von Einkommensunterschieden, sondern aus einer Vielzahl von Einflussfaktoren zu analysieren ist: „ ... whereas traditional social policy focuses on distributional issues, social exclusion shifts the focus to 'relational issues': in other words, inadequate social participation, lack of social integration and lack of power" (Room, 1997: 256). Gegenwärtig haben europäische Länder Politikreformen in Angriff genommen, um einerseits der Ausgrenzung von Personen mit Behinderungen vom Arbeitsmarkt und andererseits den zunehmenden Anstieg der Leistungszahlen bei Erwerbsunfähigkeit entgegenzuwirken. Die häufig neue Orientierung vieler dieser Reformen erklärt sich aus einem wachsenden Konsens in Bezug auf die grundlegenden Politikziele, wie beispielsweise einer Politik der Beschäftigung für ‚Alle'. So scheint, dass einige Länder sich nach und nach für eine umfassendere und ausgewogenere Herangehensweise entschieden zu haben, bei der das Prinzip der gegenseitigen Verpflichtung zwischen den behinderten Menschen, den ArbeitgeberInnen und dem Staat zunehmend fokussiert wird (vgl. OECD, 2003: 31-34).

3.2.3 Politische Partizipation: Von Charity zu aktiver Mitgestaltung

Die Grundbedingung für die Teilhabe an Entscheidungen ist, dass a priori die Voraussetzungen wie Freiheit, Gerechtigkeit, Gleichheit und Selbstbestimmung erfüllt sind (vgl. Barber, 1994: 14f). Die Teilnahme am gesellschaftlichen und politischen Leben ist für behinderte Menschen keine Selbstverständlichkeit. Behinderung ist geprägt von einem Fremdbestimmtsein ohne gleichberechtigte Teilhabe. Behinderte Menschen sind sowohl aktiv als auch passiv nicht oder nur marginal am politischen Prozess beteiligt. So ist die Teilnahme an Wahlen für behinderte Menschen nicht per se gegeben, da für Menschen mit einer Mobilitätseinschränkung oder Sinneseinschränkung die Wahl oft mit unüberwindbaren Hindernissen verbunden ist, da Wahllokale oftmals nicht barrierefrei ausgestattet sind. Ferner sind behinderte Menschen in Parteigremien oder Interessensvertretungen nur marginal vertreten (vgl. Barnes/Mercer, 2004: 111-116; Croxen, 1985: 43f.).

Die Anliegen, Bedürfnisse und Interessen von behinderten Personen werden von Organisationen vertreten, die Colin Barnes und Geof Mercer in drei Gruppen einteilen: Erstens Charityeinrichtungen, welche einem traditionellen Verständnis von Behinderung folgen und Unterstützungen für punktuelle Notlagen anbieten. Zweitens Zusammenschlüsse mit einem behindertenspezifischen Anliegen (Beispiel Zusammenschluss blinder und sehschwacher Personen). Die dritte Gruppe umfasst Organisationen wie Selbsthilfegruppen, die vorwiegend von behinderten Menschen gegründet wurden. (Barnes/Mercer, 2004: 111-115). Bis in die 1980er Jahre zeigt sich eine Dominanz von Einrichtungen mit einem wohlfahrtsstaatlichen oder behindertenspezifischen Hintergrund. Ihr Zweck ist die Weitergabe von Informationen und Serviceangeboten, die für behinderte Menschen bereitgestellt werden. Die Verbindung mit Förderstellen und PolitikerInnen verschafft ihnen ein Maß an Glaubwürdigkeit, mit dem sie auch Einfluss auf den politischen Prozess ausüben können. Jedoch sind diese Einrichtungen oftmals eng an das individualistische medizinische Modell von Behinderung gekoppelt. Ab den 1980er Jahren entstanden zunehmend Selbsthilfegruppen, da viele behinderte Menschen mit den angebotenen Informationen, insbesondere im Bereich der selbstständigen Lebensführung, unzufrieden waren. Allen Gruppierungen wird jedoch eine geringe politische Einflussmöglichkeit zugeschrieben:

"There is also another, more pluralistic world of ‚competing interest groups' drawn in from the voluntary sector. Since they have a less crucial role in the economy, they tend to have little political influence. Groups concerned with disability tend to fit this last category" (Barnes/Mercer, 2004: 113)

Zudem steht die Durchsetzung der Interessen behinderter Menschen im Zusammenhang mit dem Organisationszweck, den ein Behindertenverband verfolgt. Behindertenorganisationen, die Serviceangebote bereitstellen sind einerseits an wohlfahrtsstaatlichen Konzeptionen ausgerichtet und andererseits stehen sie in einem finanziellen Abhängigkeitsverhältnis zu öffentlichen Fördergebern. Marks und McAdam sehen diese Organisationen „… wedded to the existing political order, that is, oriented to a national system of law, a national system of membership incentives or belief structures, etc." (Marks/Mc Adam, 1996: 258).

In Österreich stellt die „Österreichische Arbeitsgemeinschaft für Rehabilitation" (ÖAR) den Dachverband der österreichischen Behindertenverbände dar. Anfang der 1970er Jahre kam es in Österreich zur Gründung der ÖAR. Diese geht auf eine Anregung des damaligen Bundeskanzlers Kreisky zurück, der die Zersplitterung der Behindertenverbände durch eine zentrale Vermittlungs- und Clearingstelle behoben sehen wollte. Die ÖAR repräsentiert rund 86 Behindertenverbände und Institutionen, die in Summe rund 390.000 behinderte Menschen vertreten. Die ÖAR ist in staatliche Entscheidungsprozesse im Rahmen der Erarbeitung oder dem Monitoring behindertenspezifischer Gesetze eingebunden (vgl. Riess/Flieger, 2000). So beschickt die ÖAR die wichtigsten behindertenspezifischen Einrichtungen auf europäischer und internationaler Ebene mit ihren ExpertInnen. Die ÖAR ist in nationalen Gremien und Ausschüssen vertreten (Arbeitsgruppe im Bundesministerium für Unterricht Kunst und Kultur, Unterstützungsfonds, Bundesbehindertenbeirat, Ausgleichstaxfonds, etc.) und auch österreichischer Vertreter im EDF. Das hierfür eingerichtete EU-Sekretariat (Leiter Antony Williams) bildet die Schnittstelle zwischen dem EDF und den österreichischen Mitgliedern des Dachverbandes (vgl. ÖAR, 2008). Neben der ÖAR gibt es auch radikalere Gruppen, die für einschneidende Veränderungen in sozialpolitischer Hinsicht in der Betrachtung und im Umgang mit Behinderung eintreten. Diese wiederum sehen Einrichtungen wie die ÖAR und deren Vertretungslegitimation in Frage gestellt (vgl. Alter, 2000: 498; Interview: Dorothea Brozek).

3.2.4 Behinderung im Spannungsfeld zwischen europäischer Integration und nationaler Sozialpolitik

Die Beschäftigung mit Behinderung auf europäischer Ebene lässt sich weder isoliert von sozialpolitischen Entwicklungen der Gemeinschaft noch von nationalstaatlichen Ausrichtungen im Bereich Behinderung bearbeiten. Diesbezüglich wird angemerkt: „In defining the problems which disabled people faced, the relationship between policy at the national level and policy at the level of the Commission and how these policies were to be implemented had to be considered" (Croxen, 1985: 46).

Der Ausweitung einer europäischen Behindertenpolitik wird von den Mitgliedstaaten generell misstrauisch begegnet, sofern sich diese auf nationale programmatische Ausrichtungen auswirkt: „Since the aims of social policy are generally at least partially on conflict, states were concerned to be able to choose their own trade-offs and patterns of resolution between aims" (Mabbett, 2005: 102). Die Mitgliedstaaten haben ihre eigenen sozialprogrammatischen Konzepte und sind nur geringfügig bereit, Zugeständnisse zu machen. Lisa Waddington charakterisiert die Entwicklung einer europäischen Behindertenpolitik folgendermaßen (vgl. Waddington, 2006: 11-19):

- Eine zu weitreichende Harmonisierung der Behindertenagenden wurde von den nationalen Mitgliedstaaten nicht zugelassen.
- Die diskriminierenden Strukturen einer für behinderte Menschen exklusiven europäischen Gesetzgebung wurden nicht oder nur teilweise wahrgenommen.
- Die Europäische Kommission schuf mit ihrer Strategie des transnationalen Informationsaustausches die Grundlage für die Entstehung eines europäischen Netzwerks zu Behinderung.

Behinderung gewann im Lauf des letzten Jahrzehntes jedoch auf gemeinschaftlicher Ebene zunehmend an Relevanz. Insbesondere hinsichtlich einer gemeinschaftlichen Nichtdiskriminierungspolitik konnte die EU wichtige Akzente setzen, da zu Gleichbehandlung und Nichtdiskriminierung kaum nationalstaatliche Ausrichtungen vorhanden waren (vgl. Streeck, 1996: 76). Dies ist auch einer der Gründe, weshalb die Nichtdiskriminierungsbestimmungen im Vertrag von Amsterdam (1997) beschlossen werden konnten: „ ... a 'softer' approximation of national policies intended to improve the flexibility and responsiveness to changing conditions within the national labour markets in a global economy, as well as to combat market failures such as the gendered division of labour or skill shortages" (Shaw, 2000: 7).

Das Politikfeld Behinderung weist einen Sonderstatus auf. Obwohl die Mitgliedstaaten Nichtdiskriminierungsmaßnahmen in Beschäftigung und Beruf vorsehen, so bestehen jedoch erhebliche Unterschiede in ihrem Geltungsbereich und ihrer Durchsetzbarkeit. Hierbei ist gerade Behinderung besonders betroffen:

> „National and European policies have developed in tandem. Disability, by contrast, is an area in which all Member States already have an array of social policies, often of great vintage, although most would not be described as 'equal treatment' policies" (Mabbett: 2005: 99).

Die Umsetzung der Beschäftigungsrichtlinie (2000/78) (vgl. Rat der EU, 2000a) in nationales Recht wird gemäß nationaler Interpretationspraktiken durchgeführt und die mit dieser Richtlinie intendierte Nichtdiskriminierungsabsicht geht oftmals verloren (vgl. Mabbett, 2005: 111; Waddington, 2005: 22-31). So lässt sich feststellen: „States will pursue [...] common aims in different ways which reflect their national social policy traditions, and [...] this will entail the maintenance of different approaches to definitions of disability." (Boldersen, Helen/Mabbett, Deborah/Hvinden, Bjorn, 2002: 14).

3.2.5 Internationale Entwicklung: Von Fürsorge zu aktiver Teilhabe

Nach Angaben der Vereinten Nationen haben rund 10 Prozent der Weltbevölkerung an die 600 Millionen Menschen eine Behinderung. Da sich sozioökonomische Gegebenheiten und Vorkehrungen, welche die Staaten für das Wohl ihrer BürgerInnen treffen, voneinander unterscheiden, sind auch die Ursachen und die Folgen von Behinderungen weltweit verschieden. In der Vergangenheit mussten Menschen mit Behinderungen eine gewisse ‚Unsichtbarkeit' erdulden und wurden eher als Objekte angesehen, die Schutz, Behandlung und Hilfe benötigen. Bis Ende der 60 Jahre war auch die Behindertenpolitik der UN durch das Propagieren sozialfürsorglicher Maßnahmen geprägt, wobei ab den 70er Jahren ein Bewusstseinswandel einsetzte, der Behinderung zunehmend aus einer Menschenrechtsperspektive betrachtet (vgl. Netzwerkartikel, 2006: 36; Weiß, 2006: 294f.).

Die Erklärung der „Allgemeinen Menschenrechte" von 1948 verbietet allgemein Menschenrechtsverletzungen, wobei mit spezifischen Beschlüssen versucht wurde, der Diskriminierung behinderter Menschen entgegenzuwirken. So verabschiedete die UN 1971 die „Deklaration der allgemeinen und besonderen Rechte der geistig Behinderten" und 1975 die „Erklärung über die Rechte behinderter Menschen". Beide Erklärungen haben keinen völkerrechtlich verbindlichen Charakter. Dennoch wurde mit diesen Beschlüssen ein internationaler Prozess eingeläutet, der 1981 in das „Internationale Jahr der behinderten Menschen" und 1982 in den Beschluss über ein „Weltaktionsprogramm für behinderte Menschen" mündete. Die Intention dieser Maßnahmen lag in der Integration behinderter Menschen, so dass bürgerliche und politische Rechte für alle Geltung besitzen (vgl. UN, 2008).

Zum Ende der Dekade der Menschen mit Behinderungen hat die Vollversammlung der Vereinten Nationen am 20. Dezember 1993 die „Rahmenbestimmungen für die Herstellung der Chancengleichheit für Behinderte" („StandardRules") verabschiedet. Die ‚Standard Rules' umfassen Empfehlungen zu den Bereichen gleichberechtigte Teilhabe, die Zielbereiche für eine nichtdiskriminierende Gesellschaft und Forderungen zur Umsetzung dieser Maßnahmen formuliert. Außerdem werden die nationalen Regierungen aufgefordert, die Gründung und Stärkung von Behindertenorganisationen zu forcieren. Die ‚Standard Rules' sind zwar völkerrechtlich unverbindlich. Sie bilden jedoch ein politisches Instrument für Behindertenorganisationen in aller Welt, um die Rechte von Menschen mit Behinderung einzufordern (vgl. UN, 1993). Dieser Forderungskatalog bildete auch für die Gründung des EDF eine wichtige Rolle. Denn dieser internationale Forderungskatalog bildete Grundlage für die Statuten, die ersten Arbeitsprogramme und die schwerpunktmäßige Ausrichtung des EDF hinsichtlich seiner zentralen Forderungen nach Gleichbehandlung, Chancengleichheit und Nichtdiskriminierung dar (vgl. EDF, 1998a: 5).

Nach mehrjähriger Befassung mit dem Thema „Menschen mit Behinderungen" hatte die Generalversammlung der UN im Jahre 2001 die Resolution zur Ausarbeitung einer umfassenden internationalen Konvention zum Schutze und zur Förderung der Rechte von behinderten Menschen verabschiedet und einen Ad-hoc-Ausschuss zu dessen Ausarbeitung eingesetzt. So sollen die Prinzipien der Würde, der Nichtdiskriminierung, der umfassenden Teilhabe, der Chancengleichheit, der Zugänglichkeit und der Gleichberechtigung zwischen Frauen und Männern verankert werden. Ziel der Konvention ist es, den vollständigen und gleichberechtigten Genuss aller Menschenrechte und Grundfreiheiten für Menschen mit Behinderungen zu fördern, zu schützen und zu sichern sowie den Respekt vor ihrer angeborenen Würde zu fördern (vgl. Art. 1).

Die Mitarbeit der Behindertenorganisationen bei der Erarbeitung dieser Konvention ist besonders hervorzuheben, da diese an der Entstehung anderer Konventionen weitaus weniger beteiligt waren. Als besonders wirksam erwies sich die Installierung der „International Disability Alliance" (IDA). Zu den Mitgliedern der IDA zählen „Disabled People International", „Inclusion International", „Rehabilitation International", „World Blind Union", „World Federation of the Deaf", „World Federation of the Deafblind" sowie „World Network of

Users and Survivors of Psychiatry". Die Behindertenverbände verfassten gemeinsame Stellungnahmen und wurden in den Verhandlungsprozess integriert. Am 13. Dezember 2006 wurde von der UN-Generalversammlung die Konvention angenommen (vgl. Netzwerkartikel, 2006: 43; Weiß 2006: 297-300; UN, 2008b).

Die Umsetzung dieser Konvention und deren Anwendung in den Unterzeichnerstaaten wird von unabhängigen Einrichtungen, wie etwa den in Österreich eingerichteten Monitoringausschuss überwacht, in dem Betroffene und VertreterInnen von Behindertenorganisationen eingebunden sind. Die faktische Umsetzung wird jedoch davon abhängen, inwieweit nationale NRO's einerseits über entsprechende Ressourcen verfügen und andererseits gemeinsame Interessenübereinstimmungen finden, um mit einer einheitlichen Strategie eine koordinierte Lobbyingarbeit zu betreiben.

3.3 Entwicklung einer europäischen Behindertenpolitik

Im Allgemeinen kann bis 1997 nicht von einer gemeinschaftlichen Behindertenpolitik gesprochen werden, da es keine europäische Rechtsgrundlage dafür gab. Alle Verträge ab dem EGKS-Vertrag (1951) bis zum Vertrag von Maastricht (1992) beinhalteten nicht den Begriff von Behinderung. Einzelne europäische Regelungen führten sogar dazu, dass nationale Mindeststandards für behinderte Menschen aufgehoben wurden (vgl. Waddington, 2006: 4-10)[14].

Dennoch wurde mit europäischen Aktionsprogrammen für behinderte Menschen eine Entwicklung in Gang gesetzt, welche die Bedeutung von Behinderung im gemeinschaftlichen politischen Prozess zunehmend erhöhte.

---

14 Ein Beispiel ist die Richtlinie (91/263/EEC) für den Telekommunikationsbereich, welche Produzenten verpflichtet, gewisse Standards in der Produktion von Telekommunikationssendeeinrichtungen zu berücksichtigen. Hierbei wurde jedoch nicht vorgeschrieben, dass diese Produkte auch den Anforderungen für Menschen mit Sinneseinschränkungen entsprechen müssen. Dies führte dazu, dass beispielsweise eine entsprechende Vorschrift in Großbritannien aufgehoben wurde (vgl. Waddington, 2006: 10).

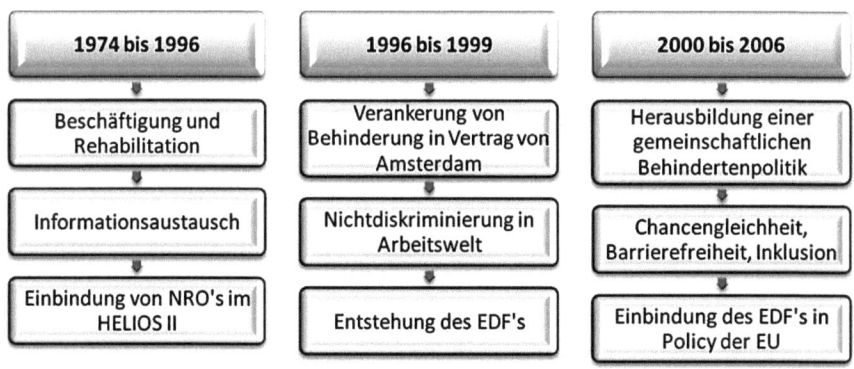

Abbildung 5 Europäische Behindertenpolitik von 1974 bis 2006
(Quelle: Eigene Darstellung nach Angaben von Waddington, 2006.)

Die europäische Behindertenpolitik lässt sich in drei Phasen einteilen: Erstens die Phase der europäischen Aktionsprogramme zwischen 1974 und 1996 mit ihrer schwerpunktmäßigen Ausrichtung auf Rehabilitation und Integration behinderter Menschen in den Arbeitsmarkt. Die zweite Phase zwischen 1996 und 1999 ist geprägt von Verhandlungen zum Vertrag von Amsterdam. Insbesondere die in diesem Vertrag enthaltenen Nichtdiskriminierungsbestimmungen mit dem Bezug auf Behinderung öffneten das Tor zu einer gemeinschaftlichen Behindertenpolitik. In der dritten Phase zwischen 2000 und 2006 zeugen eine Reihe europäischer Rechtsakte und Maßnahmen von einer Europäisierung des Politikfeldes Behinderung. Mit dem Jahr 2006 kam es zu einer Zäsur, da in Österreich ab 1. Jänner 2006 das Behindertengleichstellungsgesetz (BGStG) in Kraft trat, welches die Umsetzung der europäischen Beschäftigungsrichtlinie (2000/78/EC) markiert.

3.3.1 Europäische Aktionsprogramme (1974 bis 1996)

Bereits 1972 sah die Europäische Kommission Handlungsbedarf im Hinblick auf die Integration behinderter Menschen und stellte im Zuge wirtschaftlicher Liberalisierungen fest: „... le handicapé est de tout nouveau totalement compétitif sur le marché du travail" (Europäische Kommission, 1972) und das Treffen politischer Maßnahmen auf europäischer Ebene wurde als notwendig angesehen. Die Kommission forderte die Einrichtung einer Schnittstelle mit den sechs Mitgliedstaaten ein, um damit erfolgreiche Rehabilitationsmethoden zu sammeln und auszutauschen. Der Rat reagierte auf diesen Vorschlag und beschloss 1974 das erste „Gemeinschaftliche Aktionsprogramm zur beruflichen Rehabilitation von behinderten Menschen" (Rat der EG, 1974). Während der Laufzeit dieses Programms (1974-1979) lag das primäre Ziel darin, behinderte Menschen zur Führung eines normalen und unabhängigen Lebens zu befähigen, um diese voll und ganz in die Gesellschaft zu integrieren. Dieses allgemeine Ziel betraf alle Altersgruppen, alle Arten von Behinderungen und alle Rehabilitationsmaßnahmen (Rat der EG, 1974). Mit dem ersten Aktionsprogramm wurden die Hauptlinien der europäischen Behindertenpolitik der nächsten Jahrzehnte abgesteckt.

„To ensure effective national participation throughout this programme, the Commission would invite Member States to nominate representatives to a Liaison to advise the Commission on the management of all aspects of the programme and also provide a means of continuing liaison between the Commission and the various national authorities" (Europäische Kommission, 1981: 7).

Der Fokus lag einerseits in der Auflistung effektiver nationaler Rehabilitationsmethoden und andererseits im Aufbau eines europäischen Netzwerks von lokalen, regionalen und nationalen ExpertInnen zu Behinderung. In der Folge wurde Behinderung jedoch nicht nur aus der Perspektive der beruflichen Rehabilitation diskutiert. So beschloss der Rat die Resolution zur „Sozialen Integration von behinderten Menschen" (Rat der EG, 1981). Darin wurden weitgehend die Vorschläge der Kommission berücksichtigt, welche ein selbstbestimmtes Leben als wichtigen Bestandteil einer sozialen Integration behinderter Menschen anführt (vgl. Europäische Kommission, 1981: 14-31).

1988 wurde mit HELIOS I das zweite europäische Aktionsprogramm mit dem Schwerpunkt Behinderung beschlossen (Rat der EG, 1988: 38-44). Die Bereitstellung eines organisatorischen Rahmens für einen Informations- und Erfahrungsaustausch (in Bereichen der schulischen Ausbildung, Berufsausbildung und der Arbeitsmarktintegration) und die Koordination lokaler und nationaler Aktivitäten standen dabei im Mittelpunkt. Insbesondere die Erstellung der europäischen Datenbank Handynet[15] mit vielen wichtigen Informationen zu Behinderung und die Initiierung weiterer Maßnahmen[16] zu Beschäftigung, Berufsaus-

---

15 Im Zeitraum zwischen 1983 bis 1996 wurde eine europaweite Datenbank geschaffen, die Informationen über technische Hilfsmittel (24.000 Datensätze über Vertreiber und Lieferanten in jedem Land und Preise) und eine Auflistung von Organisationen (13.000 Einrichtungen), die informieren, beraten, schulen und/oder in der Forschung aktiv sind, enthält (vgl. Bundesministerium für Arbeit, Gesundheit und Soziales, 1998: 17).

16 Insbesondere die Beschäftigungsinitiativen HORIZON und TIDE sind zu erwähnen, in denen Menschen mit Behinderung unmittelbar involviert wurden und mitgestalten konnten (Europäische Kommission, 1992: 46-60).

bildung, schulischer Integration, Mobilität und Transport wurden durchgeführt. Darüber hinaus kam es zur Etablierung europäischer Einrichtungen zu Behinderung[17] (Europäische Kommission, 1992: 46-63). Kritisch hervorzuheben ist, dass weder Behindertenverbände noch behinderte Menschen in diesen gemeinschaftlichen Programmen eingebunden waren.

Nach dem Abschluss des HELIOS I-Aktionsprogramms erfolgte am 25. Februar 1993 mit dem Beschluss des Rates die Initiierung des HELIOS II (1993-1996), dem dritten europäischen Aktionsprogramm zu Behinderung (Rat der EG, 1993: 30-36). Darin wurde das Bekenntnis abgelegt, dass die Gemeinschaften im Rahmen der sozialen Dimension geeignete Maßnahmen zugunsten behinderter Menschen treffen sollen. So wurde der bis dahin praktizierte Informations- und Erfahrungsaustausch durch eine Reihe weiterer nationaler, regionaler und lokaler Maßnahmen ergänzt. Jedoch wurde betont, dass die Verantwortung für die Eingliederung behinderter Personen im Bereich der Bildung, der beruflichen, wirtschaftlichen und sozialen Eingliederung sowie der eigenständigen Lebensführung weiterhin im Kompetenzbereich der Mitgliedstaaten liegt. Die primäre Aufgabe der europäischen Gemeinschaft sollte es sein, die Mitgliedstaaten bei den von ihnen getroffenen Maßnahmen zu unterstützen (Rat der EG, 1993: 30-36). Im Rahmen des HELIOS II-Programms wurde auf die Kritik an vorangegangenen Aktionsprogrammen (in denen behinderte Menschen nicht vertreten waren) reagiert und Behindertenverbände wurden teilweise in formellen Konsultationseinrichtungen integriert (vgl. Waddington, 2006: 17-19).

Neben dem HELIOS II-Programm fällt die Festlegung des „Europäischen Tages der Menschen mit Behinderung" in diese Zeitspanne. 1992 verkündeten die Vereinten Nationen per Resolution, dass der 3. Dezember zum jährlichen „Internationalen Tag der behinderten Menschen" erklärt wird. In Anlehnung daran, wurde ab 1993 von der Europäischen Kommission der 3. Dezember auch als „Europäischer Tag für Menschen mit Behinderung" bestimmt. Damit sollte mit europäischen und nationalen Veranstaltungen auf die Behindertenproblematik aufmerksam gemacht werden.

Zusammenfassend lässt sich in dieser ersten Phase eine Tendenz der Vernetzung nationaler BehindertenvertreterInnen im Rahmen Involvierung eines Informationsaustausches erkennen. Außerdem kommt es zu einer ersten von Behindertenorganisationen im politischen Prozess der EU. Darüber hinaus veran-

---

17 Einerseits wurden Einrichtungen mit Ratsbeschluss gefestigt (beispielsweise: Advisory Committee, Liaison Group, „School Integration" working Party) und andererseits installierte die Europäische Kommission die Arbeitsgruppen „Dialogue Group", „Employment of Disabled People", „Mobility and Transport" und „Handynet Technical Coordination Group" (vgl. Europäische Kommission, 1992).

kert sich im europäischen Diskurs zunehmend das Element der Chancengleichheit für behinderte Menschen.

3.3.2 Entstehung einer gemeinschaftlichen Rechtsgrundlage zu Behinderung (1996 bis 1999)

Mit dem Auslaufen des HELIOS II-Programms kam es im Rahmen der europäischen Behindertenpolitik zu einer Abkehr von Aktionsprogrammen, da ab 1996 im Rat der EU keine Zustimmung für eine Fortsetzung dieser Art von Maßnahmen gefunden werden konnte. Vielmehr begann ein Prozess, der nicht nur einzelne Initiativen umfasste, sondern in einer zunehmenden Etablierung einer europäischen Behindertenpolitik mündete (vgl. Waddington, 2006: 4f, 18f.).

So wies die Europäische Kommission 1996 mit ihrem Kommunikationspapier „On equality of opportunity for people with disabilities" auf die Gleichbehandlung von Menschen mit Behinderung hin. Darin wird auf die Notwendigkeit eines breiten Dialogs zwischen den Mitgliedstaaten, den Sozialpartnern und vor allem den NRO's hingewiesen, um politische Konzepte und Maßnahmen zu erarbeiten, welche zur Erreichung einer Nichtdiskriminierung und Chancengleichheit beitragen (Europäische Kommission, 1996). Der Rat folgte dieser Empfehlung mit einer Entschließung, in der ebenfalls die Ziele der Gleichbehandlung und Nichtdiskriminierung als wichtige Pfeiler einer europäischen Strategie definiert wurden (Rat der EU, 1996b). Diese Vorgänge untermauern einen Wandel in der Betrachtung von Behinderung: "Up until 1996 one could argue that the Community´s approach to, and understanding of, disability was underpinned by the medical model of disability. […] the Commission and the Council took the first steps towards developing disability policy, and recognized the social model of disability (Waddington, 2006: 13-14).

Diese Entwicklung bestätigt auch der Beschluss des Vertrages von Amsterdam und dessen Berücksichtigung von Behinderung im Artikel 13, der als Meilenstein zu einer gemeinschaftlichen Behindertenpolitik angesehen wird. Das erste Mal wurde Behinderung vertraglich erwähnt (vgl. Bundesministerium für Arbeit, Gesundheit und Soziales, 1998: 51-61; Hendriks, 2005: 187-197; Hvinden, 2003: 304): So heißt es in Artikel 13:

> „Unbeschadet der sonstigen Bestimmungen dieses Vertrags kann der Rat im Rahmen der durch den Vertrag auf die Gemeinschaft übertragenen Zuständigkeiten auf Vorschlag der Kommission und nach Anhörung des Europäischen Parlaments einstimmig geeignete Vorkehrungen treffen, um Diskriminierungen aus Gründen des Geschlechts, der Rasse, der ethnischen Herkunft, der Religion oder der Weltanschauung, einer Behinderung, des Alters oder der sexuellen Ausrichtung zu bekämpfen" (Vertrag von Amsterdam 1997: Artikel 13).

Der Vertrag von Amsterdam enthält neben dem Artikel 13 auch noch weitere Bestimmungen, die für den Bereich Behinderung relevant sind. Dem Artikel 95a zur Verwirklichung des Binnenmarktes wurde eine Erklärung beigefügt, in der die „... Organe der Gemeinschaft [...] den Bedürfnissen von Personen mit einer Behinderung Rechnung tragen" (Vertrag von Amsterdam, 1997: 22. Erklärung). Obwohl dieser Erklärung keine rechtswirksame Bedeutung zukommt, wird sie als besonders relevant auf politischer Ebene eingestuft. „The declaration furthermore imposes a moral obligation on the Community institutions to consider the needs of disabled people" (EDF, 1998c: 17). Im Artikel 137[18] verpflichten sich die Mitgliedsstaaten gemeinschaftliche Maßnahmen gegen soziale Ausgrenzung zu ergreifen. Obwohl einzelne Staaten gegen eine eindeutige Festlegung waren, wird darin die Grundlage für neue gemeinschaftliche Aktionsprogramme gesehen (vgl. Bundesministerium für Arbeit, Gesundheit und Soziales, 1998: 54f).

Zudem wurden während dieses Zeitraumes im Bereich Beschäftigung positive Methoden zur Integration behinderter Personen diskutiert und ausgetauscht. So haben die europäischen Sozialpartner19 1997 ,Good Practice' Beispiele gesammelt, die eine erfolgreiche Integration von Menschen mit Behinderung am Arbeitsmarkt aufzeigen (vgl. Europäische Sozialpartner, 2003:1). Darüber hinaus wurden mit dem von der Kommission herausgegebenen Arbeitspapier neue Schwerpunkte in der Beschäftigungsstrategie definiert (Europäische Kommission, 1998). Ansatzweise fanden die Empfehlungen in einer Entschließung des Rates Berücksichtigung, worin die Europäische Kommission dezidiert aufgefordert wird, neue Aktionen und Strategien vor dem Hintergrund eines Mainstreamings, in dem u.a. behinderte Menschen angesprochen werden, zu erarbeiten (vgl. Rat der EU, 1999: 3-4).

Mit der rechtlichen Verankerung von Behinderung als Diskriminierungstatbestand wurden neue Pfade in der Behindertenpolitik beschritten. Einerseits kannten viele wohlfahrtsstaatlichen Ausrichtungen keine rechtliche Grundlage gegen Diskriminierung aufgrund Behinderung (vgl. Hendriks, 2005: 187f.), andererseits wurde ein Kompetenzbereich für eine europäische Behindertenpolitik geschaffen. Mark Bell stellt fest: "One of the lessons of Article 13 was the ability of more controversial grounds of discrimination to make unexpected progress through seeking inclusion in a broad anti-discrimination instrument" (Bell, 2000: 168f.).

---

18 Art. 136 bezieht sich auf die sozialen Rechte aus einer Beschäftigungsperspektive.
19 Europäischer Gewerkschaftsbund (EGB), Europäische Arbeitgeberorganisation (Business Europe), Europäischer Zentralverband der öffentlichen Wirtschaft (CEEP);

3.3.3 Gemeinschaftliche Behindertenpolitik nach Amsterdam (2000 bis 2006)

Der Vertrag von Amsterdam ist 1999 in Kraft getreten. Mit dem darin enthaltenen Artikel 13 wurden die Weichen einer europäischen Behindertenpolitik gestellt. So wurden rechtlich verbindliche und unverbindliche Maßnahmen gegen Ungleichbehandlungen und Diskriminierungen gesetzt, ein neuer Aktionsplan initiiert und das „Europäische Jahr der Menschen mit Behinderung" (EJMB) abgehalten.

Hinsichtlich der europäischen Behindertenpolitik ist der Beschluss der Beschäftigungsrichtlinie (2000/78/EC) hervorzuheben. Bezugnehmend zu Behinderung heißt es in Artikel 5 der Beschäftigungsrichtlinie:

„... um die Anwendung des Gleichbehandlungsgrundsatzes auf Menschen mit Behinderung zu gewährleisten, sind angemessene Vorkehrungen zu treffen. Das bedeutet, dass der Arbeitgeber die geeigneten und im konkreten Fall erforderlichen Maßnahmen ergreift, um den Menschen mit Behinderung den Zugang zur Beschäftigung, die Ausübung eines Berufes, den beruflichen Aufstieg und die Teilnahme an Aus- und Weiterbildungsmaßnahmen zu ermöglichen, es sei denn, diese Maßnahmen würden den Arbeitgeber unverhältnismäßig belasten" (Rat der EU, 2000a: 16-22).

Außerdem führten weitere Beschlüsse verbindlicher europäischer Rechtsakte zu einer Ausdehnung von Behinderung auf mehrere Politikbereiche. Es wurden im öffentlichen Transport Richtlinien verabschiedet, die für behinderte Menschen Erleichterungen im Zugang zu Verkehrsmitteln mit sich bringen. Die Vorschriften über die technische Ausstattung von Bussen (Rat der EU, 2001a: 1-101) aber auch die Bestimmungen zum konventionellen Eisenbahnverkehr (Rat der EU, 2001b: 1-27) brachten Erleichterungen für Menschen mit Mobilitätseinschränkungen mit sich. Ähnliche Regelungen wurden für Fahrgastschiffe getroffen (Rat der EU, 2003d: 18-21) und auch Airlines wurde die Beförderung behinderte Flugpassagiere ohne Mehrkosten vorgeschrieben (Rat der EU, 2006: 1-9). Diesbezüglich wird jedoch angemerkt, dass diese Regelungen mit der Absicht gesetzt wurden, einerseits Erleichterungen für mehrere Personengruppen zu erreichen (ältere Menschen, Eltern mit Kindern usw.) und andererseits die Herbeiführung einer europaweit technisch-standardisierten Harmonisierung zu fördern (vgl. Waddington, 2005: 32f).

Neben den verbindlichen Akten wurden Empfehlungen, Kommunikationspapiere und Entschließungen abgefasst. Beginnend mit der Ratsempfehlung von 1998, in der eine Vereinheitlichung der Parkausweise für behinderte Menschen thematisiert wird (Rat der EU, 1998: S. 25-28). Ferner wurden weitere Schritte hinsichtlich einer umfassenden Integration von Menschen mit Behinderung unternommen. Die Kommission verwies mit ihrem Kommunikationspapier „Ein

Europa ohne Hindernisse" auf Barrieren der Informationstechnologien (Europäische Kommission, 2000a). Dies mündete in der „eAccessability"-Entschließung des Rates, in der die Notwendigkeit eines verbesserten Zugangs von behinderten Menschen zur Wissensgesellschaft angesprochen wird (Rat der EU, 2003e: 5-7). Auch in den Bereichen Ausbildung und Beschäftigung wurden vom Rat Entschließungen abgefasst: So bekräftigten 1990 die Mitgliedstaaten, dass diese ihre Bemühungen verstärken, um behinderte SchülerInnen und StudentenInnen in ihren allgemeinen Bildungssystemen zu integrieren (Rat der EU, 1990: 2-3). Im Jahre 2003 findet sich diesbezüglich bereits eine ausgeweitete Resolution, welche die volle Integration von Kindern und Jugendlichen mit besonderen Bedürfnissen in die Gesellschaft durch eine angemessene allgemeine und berufliche Bildung enthält und eine Förderung der technischen Unterstützung für Studierende mit besonderen Bedürfnissen umfasst (Rat der EU, 2003c: 6-7). Überdies zeigt die Entschließung über die Zugänglichkeit kultureller Einrichtungen und kultureller Aktivitäten (Europäischer Rat, 2003b), dass die uneingeschränkte Eingliederung von Menschen mit Behinderungen in allen gesellschaftlichen Lebensbereichen und ihre uneingeschränkte Beteiligung unter Anerkennung ihrer rechtlichen Gleichstellung mit andern BürgerInnen weiter forciert wird. Auch die Sozialpartner werden aufgefordert, sich im Rahmen ihrer Tätigkeiten und ihrer Tarifverträge in allen relevanten Ebenen des sozialen Dialogs für die Eingliederung der Menschen mit Behinderungen in den regulären Arbeitsmarkt einzusetzen (vgl. Rat der EU, 2003c: 1-2; siehe auch: Europäische Sozialpartner, 2003). Diese Bestimmungen entsprechen Absichtserklärungen und stellen Richtungsentscheidungen dar, die jedoch keine unmittelbaren Auswirkungen für die Behindertenpolitik der Mitgliedstaaten darstellen.

Mit dem „Europäischen Jahr der Menschen mit Behinderung" (EJMB) 2003 wurde mit einer Vielzahl an Veranstaltungen auf das Thema Behinderung aufmerksam gemacht (Europäische Kommission, 2004; siehe auch Hvinden, 2003: 300). Mit der Verabschiedung der Europäischen Sozialagenda im Rahmen des Europäischen Rates von Nizza (2000) wurde der Grundstein für das EJMB gelegt. Mit der darin formulierten Zielsetzung sämtliche Maßnahmen für eine bessere Eingliederung behinderter Personen in alle Bereiche des sozialen Lebens zu ergreifen, erfolgte auf Vorschlag der Kommission (Europäische Kommission, 2001b) der Beschluss des Rates über das EJMB (Rat der EU, 2001c: 15-20). Mit dem Gesamtbudget von 12 Millionen Euro wurden Maßnahmen ergriffen, um ein breiteres Verständnis vor allem bezüglich Diskriminierungsschutz und Gleichberechtigung zu generieren (Bundesministerium für Soziales und Konsumentenschutz, 2002: 6f.). Die Auswirkungen dieser Initiative sind vielfältig und in den jeweiligen Maßnahmen der Nationalstaaten nachzusehen (vgl. Bundesministerium für Soziales und Konsumentenschutz, 2005). Auf europäischer

Ebene wird das EJMB als herausragende Initiative für Menschen mit Behinderung bewertet (vgl. Europäische Kommission, 2004), welches als Bewusstseinserweiterung betreffend Behinderung angesehen wird (vgl. Hvinden, 2003: 300). Neben der Abhaltung einer Vielzahl von Veranstaltungen, Konferenzen und Debatten, wird das EJMB als zentraler Impuls für das vierte europäische Aktionsprogramm für behinderte Menschen angesehen.

Mit dem Inkrafttreten eines europäischen Aktionsplans für behinderte Menschen wurde der operative Rahmen zur Umsetzung der Zielvorgaben aus dem EJMB gelegt. Die Kommission möchte die Impulse und Errungenschaften dieses Jahres nutzen und legt daher einen mehrjährigen Aktionsplan fest. Ziel dieser Maßnahme ist das Einbeziehen von Behindertenfragen in einschlägige Gemeinschaftsmaßnahmen und konkrete Aktionen in Kernbereichen zu entwickeln, um die Eingliederung von Menschen mit Behinderungen in Wirtschaft und Gesellschaft zu fördern. In der Periode zwischen 2004 bis 2010 werden drei zentrale Zielvorstellungen definiert: Erstens die uneingeschränkte Anwendung der Richtlinie zur Gleichbehandlung in Beschäftigung und Beruf. Zweitens die Einbeziehung der Behindertenthematik in alle einschlägigen Gemeinschaftsmaßnahmen und drittens die Förderung eines Zugangs für alle (vgl. Europäische Kommission, 2003). Im Rahmen dieses Programms werden eine Reihe von Aktivitäten wie Kampagnen, Studien, Aufbau von Netzwerken und Partnerschaften, sowie die Unterstützung von NRO's finanziert. Das Hauptziel ist die Förderung der Chancengleichheit für Menschen mit Behinderungen. Es gilt einen dauerhaften Prozess der vollständigen Integration von Menschen mit Behinderungen in der Gesellschaft zu stimulieren (vgl. Europäische Union, 2005a).

4 Das Europäische Behindertenforum

Die aktive Mitgestaltung legislativer Prozesse in der EU wird als eines der Hauptaufgaben des EDF' formuliert. "We will continue to be there, proving that a society in which disabled people are fully integrated is unmistakely a better society for all", so das Ziel, welches im Rahmen des 10 jährigen Bestehens des Forums formuliert wird (EDF, 2006a). Nachfolgend wird das Forum anhand dessen Entstehungs- und Entwicklungsgeschichte, dessen Organisationsstruktur und dessen Lobbingstrategie bezüglich dem gemeinschaftlichen Vertrag von Amsterdam, dem Beschluss zu den Neuregelungen der Europäischen Strukturfonds und dem Zustandekommen der Verordnung über die Rechte behinderter Flugpassagiere dargestellt.

4.1 Entstehung, Entwicklung und interne Struktur

Im Kapitel „Entwicklung einer europäischen Behindertenpolitik" konnte der politische und legislative Prozess rund um die Herausgestaltung einer europäischen Behindertenpolitik abgebildet werden. In diesem Kontext ist auch die Entstehung und Entwicklung des EDF zu verorten.

4.1.1 Vom beratenden zum eigenständigen europäischen Behindertendachverband

Das EDF wurde 1996 von VertreterInnen behinderter Menschen gegründet, um mit einer gemeinsamen Stimme deren Interessen auf europäischer Ebene zu vertreten, die Zusammenarbeit zu transnationalisieren und die unterschiedlichen Behindertenverbände in einer organisatorische Einheit zu versammeln.

Bereits Mitte der 90er Jahre begann im Rahmen des HELIOS II-Programms dieser Konstituierungsprozess (vgl. Waddington, 2006: 18f.). Darin stand die Förderung der Chancengleichheit für behinderte Menschen im Mittelpunkt. Dieses dritte europäische Sonderprogramm war mit einem Budget von 37 Millionen ECU[20] ausgestattet und die Umsetzung konkreter Maßnahmen wurde vor dem

---

20 Die Europäische Währungseinheit (European Currency Unit=ECU) galt als Rechen- und Bezugsmittel der Wechselkurse sowie als Zahlungsmittel und Reservewährung der Zentralbanken im Rahmen der Herausbildung des Europäischen Währungssystems (EWS) im Jahre 1979. Der ECU setzte sich aus Anteilen der Währungen der Mitglieder des EWS zusammen. In diesem Fall war der ECU eine Verrechnungswährung, die als

Hintergrund folgender Maßnahmen gesetzt (vgl. Europäische Kommission, 1998b: 1).

- Entwicklung und Verbesserung des Informationsaustausches zwischen den Mitgliedstaaten und den NRO's.
- Effizienzsteigerung und bessere Koordination verschiedener Aktionen und Maßnahmen.
- Etablierung einer Gemeinschaftspolitik in Kooperation mit den Mitgliedsstaaten, Interessenverbänden und NRO's
- Fortführung bereits bestehender Kooperation zwischen europäischen und repräsentativen NRO's der Mitgliedsstaaten.

Das Besondere am HELIOS II-Programm war die erstmalige Einbindung von Behindertenverbänden in ein Gemeinschaftsprogramm. Die Europäische Kommission war für die Umsetzung des HELIOS II-Programms verantwortlich, wobei sie von Konsultationseinrichtungen unterstützt wurde, in denen zu Behindertenfragen ein Europäisches Behindertenforum (EDF) aus VertreterInnen von Behindertenorganisationen eingerichtet wurde (vgl. Bundesministerium für Arbeit, Gesundheit und Soziales, 1998: 12f). Die Europäische Kommission wählte die darin vertretenen Behindertenverbände nach den Kriterien der Repräsentativität und Legitimität aus. Insgesamt zählte das EDF 32 Mitglieder, davon 17 nationale Behindertenorganisationen (inklusive den Repräsentanten von Norwegen und Island), 13 europäische NRO's sowie je eine Vertretung von Arbeitgeber- und je ein von Arbeitnehmerorganisationen (vgl. Europäische Kommission, 1998b: 2f.).

Rechnungseinheit im Haushaltsplan der Gemeinschaft verwendet wurde. Er war kein gesetzliches Zahlungsmittel (gl. Schley, 2004: 40-43).

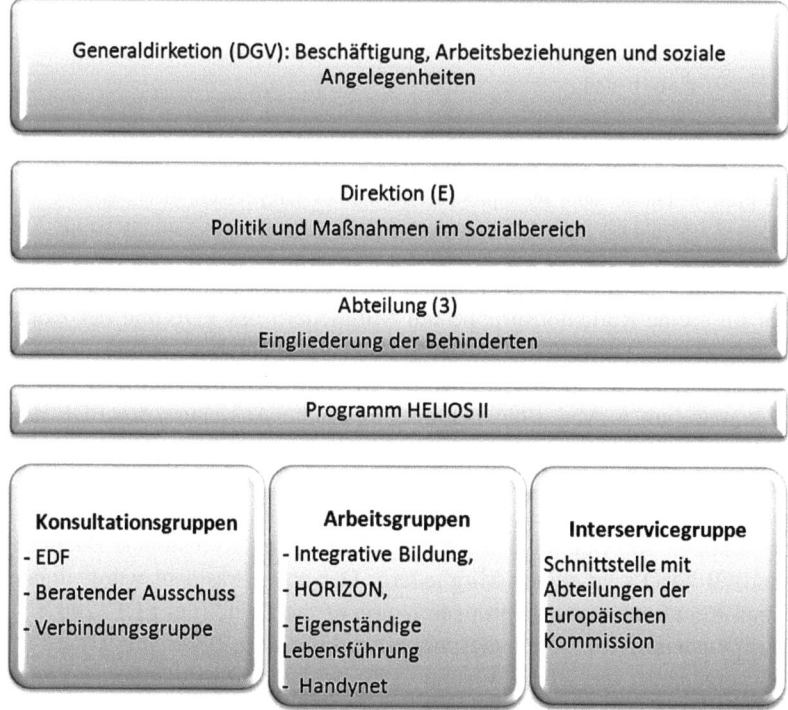

Abbildung 6 Organigramm HELIOS II
(eigene Zusammenstellung auf Basis der Angaben des Bundesministeriums für Arbeit, Gesundheit und Soziales, 1998).

Das EDF sollte eine Art Brückenkopf zwischen der Kommission, nationalen Regierungen und NRO's darstellen. „This has encouraged greater dialogue, both between different parts of the Commission, and between the Commission and disabilty organisations, on this issues." (Europäische Kommission, 1998b: 10). Auch die aktiven Mitglieder des EDF plädierten für eine Fortführung ihrer Tätigkeit, da ein weiteres Aktionsprogramm nicht in Aussicht stand und man/frau sich einig war, dass eine Behindertenvertretung auf europäischem Niveau notwendig sei:

„There was also a view held by some participants that the most effective long-term contribution that the programme could make, towards promoting of equal opportunities and integration for disabled people, was through providing opportunities for disability organisations to build an effective platform, or lobby, from which to press for change at national and European levels" (Europäische Kommission, 1998b: 9).

Die Motivation der Forumsmitglieder bestand in der Gründung einer unabhängigen Vertretung (Interview: Anthony Williams). Die Direktorin des EDF Carlotta Besozzi stellt fest:
„Les organisations nationales n'avaient pas du contact entre elles. Toutes les organisations ensemble s'ont dites, mais il faudrait créé notre propre organisation, que c'est pas un Forum, que c'est une organisation où on se structure nous-mêmes et qu'en plus, on fait du lobbying auprès des institutions européennes, mais sans être organisé et contrôlé par la Commission européenne"[21] (Interview: Carlotta Besozzi).
Noch vor dem Auslaufen des HELIOS II-Programms wurde mit finanzieller Hilfe des EP's eine Reflexionsgruppe mit Mitgliedern des EDF und der Kommission eingerichtet. Obwohl die Europäische Kommission bezweifelte, dass die verschiedenen Behindertenverbände einen europäischen Dachverband bilden werden, konnte, am 6. Mai 1996 der interimistische Ausschuss des EDF den Vertrag zu seiner Gründung unterzeichnen. Mit 1. Jänner 1997 wurde die Arbeit des unabhängigen EDF, laut eigener Angaben, mit der Wahl der Exekutivorgane in Brüssel aufgenommen. Dessen Anlaufkosten von 250.000 ECU wurden vom EP übernommen. Am Beginn zählte das EDF insgesamt 15 nationale Dachverbände und 70 NRO's zu seinen Mitgliedern. Der erste Präsident wurde Johan Wesemann, Repräsentant der „European Union of the Deaf" (vgl.EDF, 2007: 3-7; Bundesministerium für Arbeit, Gesundheit und Soziales, 1998: 56f, 91f.).

2005 verzeichnet das EDF 113 und 2009 bereits 140 Mitglieder. Es wird festgestellt: „The EDF membership is the most valuable source of knowledge, experience and expertise on disability issues in the European Union" (EDF, 2006a; EDF, 2010: 6f.).

4.1.2 Entwicklung des Europäischen Behindertenforums von 1997 bis 2007

Die Entwicklung des Forums zu einem europäischen Behindertendachverband kennt drei unterschiedliche Phasen: 1997 wurde die Festigung als europäischer Behindertendachverband fokussiert. Im Jahre 2000 kam es zu einer Änderung der Statuten, da Probleme der internen Entscheidungsfindung auftraten. Im Jahre 2005 kam es, aufgrund der Aufnahme nationaler Behindertenorganisationen aus den neuen EU-Mitgliedstaaten zu einer erneuten Anpassung der internen Ver-

---

21 Übersetzung: Die nationalen Organisationen waren nicht vernetzt. Alle Beteiligten waren der Auffassung, dass sie ihre eigene Organisation gründen sollten mit einer eigenen Struktur, welche europäisches Lobbying betreibt und von der Kommission weder organisiert noch kontrolliert wird.

einsregelungen, da die Vertretungsbalance zwischen europäischen NRO's und nationalen Dachverbänden adaptiert werden musste (Interviews: Carlotta Besozzi; Valérie Asselberghs).

In der ersten Phase zwischen 1997 und 1999 versuchte sich das Forum von der Europäischen Kommission zu emanzipieren, in dem es sich die Stellung eines europäischen Behindertendachverbandes erarbeitete.[22] So war eine wichtige Aufgabe „... [le] développement du profil de l'organisation, à l'extérieur ou parmi ses membres, en recourant à la notion de partenariat équitable"[23] (EDF, 1998: 6). Denn im Rahmen des HELIOS II-Programms wurden die Tätigkeitsfelder noch von der Kommission vorgegeben. Mit der Gründung eines unabhängigen Forums verlagerten sich auch die Aufgabengebiete. „The cross-cutting themes and aims identified by EDF founding members as key priorities in their work included disabled people's citizenship, equal opportunities and Human Rights. Als übergeordnete Aufgabe wurde die Mitgestaltung an der europäischen Behindertenpolitik definiert, um die Verankerung der von Chancengleichheit und Nichtdiskriminierung zu forcieren. Dennoch wurden auch Aufgaben der Kommission übernommen. So wird der „Europäische Tag der Menschen mit Behinderung" seit der Gründung des EDF von diesem koordiniert (vgl. EDF, 1998: 6).

In der zweiten Phase zwischen 2000 bis 2004 etablierte sich das EDF als europäischer Akteur in Fragen zu Behinderung. Vor dem Hintergrund des „Europäischen Jahres der Menschen mit Behinderung" (EJMB) 2003 wurde eine behindertenspezifische Richtlinie eingefordert. Zudem sollte aufbauend auf dem Artikel 13 des Vertrages von Amsterdam und den Richtlinienentwürfe zu Gleichbehandlung und Nichtdiskriminierung der Kommission (1999) Behinderung in allen gemeinschaftlichen Kompetenzen berücksichtigt werden. Insbesondere das EJMB diente als Instrument, um einerseits die Kontakte auf EU-Ebene zu intensivieren und andererseits den Mitgliedern Informationen über die Nichtdiskriminierungsbestimmungen zu geben (z. Bsp. über die Beschäftigungsrichtlinie 2000/78/EC). Darüber hinaus ergaben sich folgende Arbeitsschwerpunkte des EDF: Erstens entsprechend der internen Struktur beschäftigt sich das EDF in den Bereichen Jugend und Behinderung, Bioethik und Bedürfnisse von Menschen mit schwerer Behinderung. Zweitens im Rahmen der europäischen Sozialpolitik definierte das EDF seine Prioritäten zur europäischen Beschäfti-

---

22 Die Lobbyingarbeit zum Vertrag von Amsterdam fällt in diese Zeitspanne. Darauf wird im Kapitel „Die Mitwirkung des Europäischen Behindertenforums am europäischen Entscheidungsprozess" näher eingegangen.
23 Übersetzung: [die] Entwicklung eines Organisationsprofils sowohl nach außen, als auch gegenüber den Mitgliedern, dies auf Basis einer gleichberechtigten Partnerschaft.

gungspolitik, zu den europäischen Strukturfonds[24], der sozialen Inklusion, Bildung und zu den Kriterien öffentlicher Auftragsvergaben. Ferner konnte in den Bereichen Transport (Flugzeug, Schienenverkehr, Schifffahrt), Informationstechnologie (Standardisierung, „assistive technologies") und die des freien Zugangs zu Gebäuden am Entscheidungsprozess mitgearbeitet werden. Der dritte Schwerpunkt des Forums orientierte sich an den Verhandlungen zur Aufnahme neuer Mitglieder in die EU. Hier vertrat das EDF die Anliegen behinderter Menschen. Außerdem wurde der Versuch unternommen, hinsichtlich der Ausgestaltung einer europäischen Menschenrechtscharta eigene Positionen zu integrieren (EDF, 2000a; 2002, 2003a).

Die dritte Phase zwischen 2005 bis 2007 war geprägt von einer Neuausrichtung des EDF. Mit einem Dreijahresplan sollten neue Arbeitsmethoden die Effizienz des Forums steigern. Diese Neuorientierung zeigt sich in dem 2006 veröffentlichten Arbeitsprogramm:

> „The proposal moves away from the matrix presented last two years, which was very difficult to follow outside the EDF secretariat, was overambitious in terms of activities, and was also lacking focus. As a result priorities were difficult to identify for our members. […] This work programme should be seen as step to develop a working plan for the membership and the organization, rather as to respond to a EU agenda" (EDF: 2006b).

Da in dieser Zeitspanne neue Mitglieder hinzukamen, sollte mit der Kampagne „1million4disability" ein Zeichen gesamteuropäischer Solidarität gesetzt werden, um das EDF als europäischen Dachverband zu stärken. Zudem wurde bzw. wird versucht, der schon 2003 gescheiterten Forderung einer behindertenspezifischen Richtlinie Nachdruck zu verleihen. Ziel war und ist es, einen wirksamen Diskriminierungsschutz in der europäischen Gesetzgebung zu verankern (vgl. EDF, 2003; 2004a; 2006b, 2008b).

---

24 Die Lobbyingarbeit zu den Strukturfonds, wie auch über das Zustandekommen einer Verordnung für behinderte Flugpassagiere wird im Kapitel „Die Mitwirkung des Europäischen Behindertenforums am europäischen Entscheidungsprozess" erörtert.

Tabelle 1 Beteiligung nationaler Behindertenverbände an der Kampagne 1million4disability (Quelle: EDF 2008b).

Staat	Benötigte	Gesammelte	Prozent
Griechenland	22812	103555	459%
Bulgarien	15956	70013	331%
Ungarn	20998	82810	327%
Irland	8205	30924	315%
Italien	18677	359451	270%
Rumänien	44927	52386	166%
Spanien	141864	84230	163%
Tschechische	21124	31368	148%
Österreich	16702	27340	146%
Dänemark	11145	12104	105%
Finnland	10778	8360	76%
Schweden	18509	12172	63%
Deutschland	170882	73453	42%
Frankreich	123457	53597	41%
Polen	79126	22326	25%
Niedelande	33524	6975	17%
Großbritannien	122832	11473	9%

Diese Tabelle gibt das Verhältnis der im EDF für die nationalen Behindertenverbände benötigten und der tatsächlich gesammelten Unterschriften wieder. Innerhalb eines halben Jahres wurden über eine Million Unterschriften gesammelt, um hiermit politischen Druck auf europäische EntscheidungsträgerInnen ausüben zu können.

Abschließend lässt sich festhalten, dass zwischen 1997 bis 1999 die Etablierung des Forums als eigenständigen europäischen Behindertendachverband im Vordergrund stand. Es galt einerseits eine Kommunikationsbasis mit politischen EntscheidungsträgerInnen aufzubauen, und andererseits von Behindertenverbänden als unabhängige Einrichtung und Vertretung von Behinderung auf europäischer Ebene angesehen zu werden. Das EDF agierte als Koordinator zwischen den nationalen Behindertenverbänden und den Institutionen der EU. Zudem sollte das Forum eine Vernetzung zwischen den verschiedenen nationalen wie europäischen NRO's darstellen. Als europäischer Dachverband lag der Fokus auf dem europäischen Rechtsetzungsprozess um diesen „disability proofed"

(EDF, 1998b: 3) zu gestalten. Das heißt, die Vorschläge der Kommission, die Entscheidungen des EP und des Rates sollten den Aspekt Behinderung zunehmend berücksichtigen. Während der Periode 2000 bis 2005 stand die Suche nach finanzieller Unabhängigkeit tendenziell im Hintergrund. Vor allem die Mitarbeit im europäischen Entscheidungsprozess stand im Vordergrund. Zwischen 2005 bis 2007 wurde die Zusammenarbeit mit den Mitgliedern wieder besonders hervorgehoben. Die Anliegen der Mitglieder sollten verstärkt berücksichtigt werden, sodass diese proaktiv an der Arbeit des Forums mitgestalten. Hierbei wurde besonders Wert gelegt, den auf Behindertenrechten basierenden Zugang[25] näher zu bringen. Nationale Mitglieder sollten in der Lage sind, die Umsetzung europäischer Rechtsakte in nationales Recht kritisch zu beobachten, um unzureichende Praktiken an das EDF weiterleiten zu können. Ab 2006 agierte das EDF zunehmend eigenständig und es zeigt sich eine Abkehr der Funktion des Koordinators zwischen Behindertenverbänden und europäischen Institutionen hin zu einer eigenständigen professionellen Arbeit der Interessenvermittlung.

4.1.3 Organisationsstruktur

Die Handlungsfähigkeit einer Organisation wird über interne Strukturen determiniert. Art und Typus der Mitgliedschaft, Funktionen, Gremien, personelle und finanzielle Ressourcen bilden das Grundgerüst einer Lobby. Die internen Statuten des EDF geben de jure darüber Auskunft, wobei de facto die jährlichen Arbeitsberichte konkrete Angaben beinhalten.

4.1.3.1 Mitgliedschaft

Das EDF verzeichnete 2009 in Summe 140 Mitgliedsorganisationen. Diese unterscheiden sich in deren Status. Dieser wiederum bestimmt die Einbindung der Mitglieder in den Entscheidungsgremien des Forums (vgl. EDF, 2010).

Insgesamt lassen sich vier Gruppierungen unterscheiden: Erstens Vollmitglieder, zu denen einerseits nationale Dachverbände, wie beispielsweise die „Österreichische Arbeitsgemeinschaft für Rehabilitation" (Behindertendachverband Österreichs) und andererseits europäische Behindertenverbände wie das „European Network on Independent Living" (ENIL) zählen. Für die nationalen Dachverbände ist ausschlaggebend, dass diese einerseits von nationalen Administrationen unabhängig und andererseits für alle Behindertenverbände offen sind. Ferner müssen sie mindestens einen 51%en Mitgliedschaftsanteil von Behindertenverbänden aufweisen. Zudem müssen die internen Entscheidungsgre-

---

25 Siehe dazu auch Kapitel „Begriff: Behinderung".

mien mehrheitlich von behinderten Menschen besetzt sein.[26] Für NRO's gilt zudem, dass diese zumindest in der Hälfte der Mitgliedstaaten in der EU vertreten sind. 2009 hatten 53 Mitgliederorganisationen diesen Status (EDF, 2004b: 3-5; EDF, 2005a: 58-60; EDF, 2010: 6f; Belgisches Vereinsverzeichnis: 2004).

Zweitens, Organisationen, welche schwerpunktmäßig ein behindertenrelevante Thematik in ihrem Portfolio haben, wie dies unter anderen bei der „Association de Recherche et de Formation sur l'Insertion en Europe" (ARFIE) der Fall ist. Diese können auf Ansuchen in das EDF aufgenommen werden und besitzen den Status eines ordentlichen Mitglieds. 2009 erfüllten 15 Mitgliederorganisationen diese Voraussetzung (vgl. EDF, 2004b: 3-5; EDF, 2005a: 58-60; EDF, 2010: 6f; Belgisches Vereinsverzeichnis: 2004).

Als dritte und vierte Gruppe gelten Mitglieder mit Beobachterstatus[27] bzw. assoziierten Status, welche sich aus Behindertenverbänden der Beitrittskandidaten der EU oder lokalen bzw. regionalen Organisationen zusammensetzen, wie etwa der „Hilfsgemeinschaft der Blinden und Sehschwachen Österreichs (HBSO)". Diese Mitglieder werden über die Tätigkeiten des EDF informiert und können an den Sitzungen teilnehmen. 48 Organisationen dieses Typs waren 2009 im Forum vertreten (vgl. EDF, 2004b: 3-5; EDF, 2005a: 58-60; EDF, 2010: 6f; Belgisches Vereinsverzeichnis: 2004).

4.1.3.2 Interner Entscheidungsprozess

Das interne Regelwerk des EDF bilden die Statuten, die von der Hauptversammlung beschlossen werden. Darin wird einerseits der interne Entscheidungsprozess festgelegt und andererseits die Kompetenzen und Verantwortungen der Entscheidungsgremien determiniert.

Die Vollmitglieder sind integraler Bestandteil des EDF und ihre Delegierten (nationale Dachverbände entsenden zwei und NRO's jeweils eine Vertretung) sind mit vollem Stimmrecht in der Hauptversammlung ausgestattet. Ebenfalls volles Stimmrecht besitzen VertreterInnen der Gruppe mit dem Status der ordentlichen Mitglieder. Diese entsenden aus ihren Reihen 13 Delegierte in die Hauptversammlung. Alle RepräsentantInnen besitzen gleiches Stimmrecht. Assoziierte Mitglieder oder Teilnehmer mit Beobachterstatus entsenden keine De-

---

26 Organisationen, welche behinderte Menschen vertreten, die sich nicht selbst vertreten können, sind von dieser Quote ausgenommen.
27 Für 2009 zählen etwa die Dachverbände aus Albanien und Serbien zu den Mitgliedern mit Beobachterstatus. Im Jahre 2005 hatte der Dachverband Rumäniens noch diesen Status, der nach dem EU-Beitritt zu den Vollmitgliedern zählt.

legierte und sind nicht unmittelbar am internen Entscheidungsprozess beteiligt (vgl. Belgisches Vereinsverzeichnis: 2004).

In der Hauptversammlung werden die jährlichen Arbeitsprogramme festgelegt, mögliche Änderungen der Statuten auf Vorschlag des Verwaltungsrates beschlossen, Resolutionen abgesegnet, das jährliche Budget approbiert und der Verwaltungsrat kontrolliert. Als höchste Autorität hat die Hauptversammlung die Möglichkeit das EDF aufzulösen. Darüber hinaus wählen die Stimmberechtigten der Hauptversammlung alle vier Jahre den Präsidenten und den Verwaltungsrat. Die Entscheidungen der Generalversammlung benötigen ein Quorum von 51% Anwesenheit der Delegierten und die Beschlüsse werden mit einfacher Mehrheit getroffen. Im Falle bedeutender Entscheidungen (wie beispielsweise einer Änderung der Statuten) ist die Zustimmung einer 2/3-Mehrheit der Delegierten erforderlich (vgl. EDF, 2004b; Belgisches Vereinsverzeichnis: 2004; (vgl. EDF, 2010:8).

Das geschäftsführende Gremium ist der Verwaltungsrat. Dieser wird von der Hauptversammlung für vier Jahre gewählt und setzt sich aus dem Präsidenten und 31 Delegierten zusammen (28 Vollmitglieder - davon 16 von nationalen Behindertenverbänden und 12 von NRO's; 2 ordentliche Mitglieder). Der Rat entwirft die Arbeitsberichte, ist für die Haushaltsführung und die Erstellung des jährlichen Budgets zuständig. Darüber hinaus kontrolliert dieses Gremium die Tätigkeiten des Sekretariats, vertritt das EDF nach außen und entscheidet über die Aufnahme oder den Ausschluss von Mitgliedern. Der Verwaltungsrat wählt den Exekutivausschuss und dessen Mitglieder und ist ausschließlich der Hauptversammlung verantwortlich. Der Verwaltungsrat trifft dreimal jährlich zusammen. Er ist beschlussfähig, wenn die Mehrheit der Mitglieder anwesend ist. Generell trifft der Verwaltungsrat Entscheidungen mit einfacher Mehrheit. Im Falle einer Pattsituation besitzt der Präsident das Pouvoir der Letztentscheidung. (vgl. EDF, 2004b: 3-5; Belgisches Vereinsverzeichnis: 2004).

Der Exekutivausschuss ist das dritte Gremium des EDF. Es setzt sich aus 10 Mitgliedern (5 von nationalen Behindertenverbänden und 5 von NRO's) und dem Präsidenten zusammen. Er wird für vier Jahre vom Verwaltungsrat gewählt. Dieses Gremium ist verantwortlich für das Tagesgeschäft des Forums und zugleich unmittelbarer Ansprechpartner für das Sekretariat. Er ist für die Personalentscheidungen im Sekretariat des EDF zuständig. Ferner trifft der Exekutivausschuss kurzfristig benötigte Beschlüsse, sofern diese nicht vom Verwaltungsrat getroffen werden können. Der Exekutivausschuss ist dem Verwaltungsrat verantwortlich (vgl. EDF, 2004b; Belgisches Vereinsverzeichnis: 2004; (vgl. EDF, 2010).

Der Präsident des EDF übernimmt die Vorsitzführung der Generalversammlung, des Verwaltungsrates und des Exekutivausschusses und repräsentiert das EDF bei Veranstaltungen. Der Präsident steht in ständiger Verbindung mit dem Sekretariat des Forums und hat in dringenden Fällen in Übereinstimmung mit dem Exekutivausschuss das Recht alle für notwendig empfundenen Entscheidungen zu treffen. Unterstützt wird er von zwei Vizepräsidenten, einem Schriftführer und einem Kassier, die entsprechend ihrer Funktion den jeweiligen Ausschüssen vorstehen (Finanz- und Mitgliederausschuss). Letztere kontrollieren die Einhaltung der internen Statuten und die Tätigkeiten des Sekretariats (Belgisches Vereinsverzeichnis: 2004: 9-10). Für 2010 besetzt Yannis Vardakastanis des griechischen Dachverbandes „National Confederation of Disabled People" (NCDP) das Amt des Präsidenten (vgl. EDF, 2010: 8).

Den operativen Teil des Forums übernimmt das eingerichtete Sekretariat. Das Büro des EDF setzt die Vorgaben aus den jährlichen Arbeitsprogrammen, die Entscheidungen des Verwaltungsrates bzw. des Exekutivausschusses um. Dafür standen 2009 in Summe 11 MitarbeiterInnen zur Verfügung. Das Büro steht unter der Leitung der Direktorin Carlotta Besozzi. Ihr zur Seite stehen die Policy Officer Maria Nyman, Javier Güemes, Janina Arsenjeva, Ask Andersen, Nadège Riche, die Verantwortliche für externe Kommunikation Aurélien Daydé, für interne Kommunikation Valérie Asselberghs, für Finanzen Muriel DaVia, die Beauftragte für Öffentlichkeitsarbeit Ann Vervaecke, Johan Robbrecht, Koordinator im Bereich der wissenschaftlichen Forschung (EuRADE) und der Trainee Doriane Fuchs (vgl. EDF, 2010:11).

Das Sekretariat steht in Kontakt mit den europäischen PolitikerInnen und BeamtInnen, überwacht den europäischen Entscheidungsprozess, informiert die Mitglieder und organisiert bzw. koordiniert die Sitzungen der Hauptversammlung, des Verwaltungsrates und des Exekutivausschusses (vgl. EDF, 2004b; EDF, 2006c; EDF, 2010). Somit bildet das Sekretariat die Schnittstelle zwischen den europäischen Institutionen und den Mitgliedern des EDF und erfüllt in operativer Hinsicht dessen Lobbyingarbeit.

Außerdem sind im EDF themenspezifische Ausschüsse eingerichtet, welche als Diskussionsforen zu den Themenfeldern Menschenrechte, Sozialpolitik, Freier Zugang, Frauen mit Behinderung, Jugendliche mit Behinderung, Menschen mit chronischer Krankheit und Menschen mit schwerer Behinderung den Exekutivausschuss inhaltlich unterstützen. Die Einsetzung dieser Komitees obliegt dem Verwaltungsrat (vgl. EDF, 2004b: 3-5; Belgisches Vereinsverzeichnis: 2004).

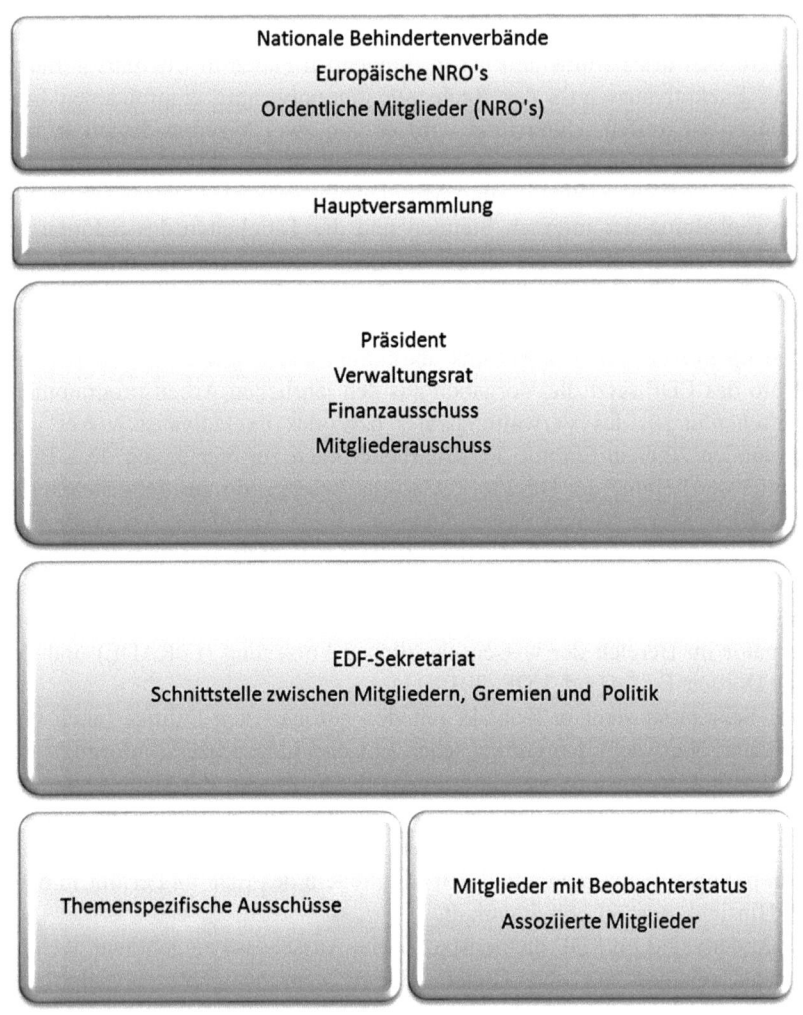

Abbildung 7 Organigramm des EDF
 (Zusammenstellung nach Angaben des EDF, 2003b; 2005a; 2006c., 2010)

4.1.3.3 Finanzierung

Der Haushalt des EDF ist über die Jahre sowohl einnahmen, als auch ausgabenseitig konstant und ausgeglichen. Das heißt: Im Jahre 2008 wurden 1,1 Millionen Euro eingenommen, wie auch ausgegeben. Für 2004 entsprach dies dem Betrag von 1,106 Millionen Euro (vgl. EDF, 2010:12,31; EDF, 2005a). Für 2004

Tabelle 2 Jahreshaushalt 2004 (Quelle: EDF, 2005a: 53.)

Ausgaben		Einnahmen	
Zusammenkünfte von EntscheidungsträgerInnen	227000€	Subvention der Kommission	868000€
Personal	555000€	Unterstützung von Staaten mit Ratsvorsitz (Polen, Griechenland)	52000€
Büro	129000€	Mitgliedsbeiträge	152000€
Ausschüsse	73000€	Sonstige Zuwendungen	34000€
Informations- und Sensibilisierungskampagnen	65000€		
Repräsentationsaufwendungen	32000€		
Aufwendungen für externe Unterstützung	25000€		
Bankkosten, Steuern, Versicherungen	13000€		
Gesamt	1.106.000€		1.106.000€

Der Großteil der Einnahmen des Forums ergibt sich aus Geldern der Europäischen Kommission. 78 Prozent der Finanzierung stammt aus Fördergeldern. Der finanzielle Anteil der Mitglieder beträgt 13 Prozent an den Gesamteinnahmen. Außerdem werden bei den ratsvorsitzenden Staaten um Unterstützung angesucht. Denn das EDF hält in der Regel seine Hauptversammlung in den Staaten, welchen den Ratsvorsitz führen, ab. Die entstanden Kosten wurden, wie in der Periode von Mai 2004 bis April 2005 von Griechenland und Polen, übernommen (Interview: Muriel DaVia; EDF, 2005a). Das EDF verfügt über ein Jahresbudget von über einer Million EURO jährlich. Die größte Aufwendung bilden die Kosten des Sekretariats. 62 (aufgerundet) Prozent werden hierfür aufgewendet. 9 Prozent für Öffentlichkeitsarbeit und 7 Prozent bilden Ausgaben für Ausschusssitzungen.

4.1.4 Europäische Vernetzung

Der legislative Prozess der EU ist ein Mehrebenensystem, in dem der Erfolg der Interessenvermittlung vom Wissen abhängt, wo, was und wann entschieden wird. Um in diesem Umfeld Interessen optimal vertreten zu können, ist in Anlehnung an das Mehrebensystem eine Mehrebenenstrategie zu befolgen (vgl. Greenwood, 2003: 29f; Kohler-Koch, 1997: 3). Die Zugangsvarianten des EDF bilden die Grundvoraussetzungen, dessen Interessen in den Entscheidungsprozess zu integrieren.[28]

4.1.4.1 Institutionelle Verflechtung

Die auf europäischer Ebene vorhandenen Einrichtungen zu Behinderung sind für das EDF zentrale Zugangskanäle zu europäischen Entscheidungszentren. So ist insbesondere die Europäische Kommission ein zentraler Ansprechpartner, welche selbst ihre Kooperationsbereitschaft betont:

> „… the European Disability Forum all represent important developments in terms of ensuring that debat and discussions continues at Community level but which require considerable efforts of the Commission itself to respond to initiatives arising from these, to develop effective links between the many areas of work which relate directly to the interests of disabled people, and co-ordinate policy." (Europäische Kommission, 1998: 10).

Der Zugangskanal des EDF zur Kommission verläuft vorwiegend über die Abteilungen „Eingliederung für Menschen mit Behinderung" und „Nichtdiskriminierung", die in der GD für Arbeit und Soziales eingerichtet sind (vgl. EDF, 2006c).

Ferner ist das EDF in einer Reihe von ExpertInnenkonsultationen und Arbeitsgruppen eingebunden. Beispielsweise in der „e.Europe advisory Group" ist das EDF Mitglied. Diese Einrichtung arbeitet im Auftrag der Kommission an der Umsetzung des „eEurope"-Aktionsplans. Die neuen Kommunikationstechnologien werden auf ihre universelle Nutzbarkeit hin analysiert. Ferner ist das EDF Mitglied in der Arbeitsgruppe „Inclusive Communication" (INCOM) zum Thema Barrieren der Informations- und Kommunikationstechnologien (ICT). Im Europäischen Jahr der Menschen mit Behinderung wurde im Rahmen der Um-

---

28 Siehe dazu Kapitel: Erfolgskriterien für die Arbeit von Eurogroups

setzung der „Communication Framework Directive" der Kommunikationsausschuss (COCOM) gegründet, der den Unterausschuss INCOM einsetzte. Für das EDF ergibt sich daraus ein direkter Dialog mit der Kommission und den Mitgliedstaaten. Ferner arbeitet das EDF in Arbeitsgruppen über die europaweite Standardisierung der ICT mit. Zudem ist das EDF Teil des europäischen Netzwerks „European Cooperation in the field of Scientific and Technical Research" (COST) (vgl. EDF, 2005b).

Außerdem wird der Kontakt mit dem EP als wichtiges Element für eine erfolgreiche Arbeit des EDF gesehen. Insbesondere mit der in den 1980er Jahren entstandenen „All Party Disabelment Group", die heute unter dem Namen „Disability Intergroup" bekannt ist, besteht eine enge Verbindung. Dieser transnationale, fraktionsübergreifende und informelle Zusammenschluss umfasste in der Periode zwischen 1999 und 2004 insgesamt 40 Abgeordnete des EP's. Dessen zentrale Aufgabe ist es, die Kommission im Rahmen ihrer Behindertenpolitik zu kontrollieren und Verbesserungen zu einzelnen Vorschlägen abzugeben. Das EDF betreut das Sekretariat der Disability Intergroup. Die Kosten dieses Büros werden vom EDF direkt getragen. Der Kontakt mit dem EP wird seitens des Forums besonders betont:

„Intergroup members have been extremely important in supporting EDF policy campaigns and have been available to submit disability and non-discrimination amendments and rally support of political group as well as flag up campaign issues towards the other EU institutions" (EDF: 2005b: 9f.).

Daneben unterhält das EDF noch weitere Zugangskanäle zu europäischen Institutionen. Das EDF trifft dreimal jährlich mit der „High Level Group of Disability" (HLG) zusammen. Dieses Konsultativorgan der Kommission geht wie das EDF aus dem HELIOS II-Programm hervor und wurde als beratender Ausschuss eingesetzt, der sich aus VertreterInnen nationaler Regierungen zusammensetzt. Diese ExpertInnengruppe trifft dreimal jährlich zu Sitzungen mit der Kommission zusammen, um Fragen über Behinderung zu diskutieren (Bundesministerium für Arbeit, Gesundheit und Soziales, 1998: 56f). Für das EDF eröffnet sich somit eine Zugangsschiene zu nationalen EntscheidungsträgerInnnen, wobei die HLG jedoch keine Entscheidungen oder Empfehlungen abgibt, sondern die nationale Umsetzung europäischer Rechtsakte diskutiert (vgl. Europäische Kommission: 2008a).

Darüber hinaus ist das EDF Teil einer Verbindungsgruppe, die mit dem Wirtschafts- und Sozialausschuss (WSA) in Kontakt steht. Dies ermöglicht laut Angaben des EDF die Zusammenarbeit mit mehreren GD's der Europäischen Kommission auf höchster Ebene. Zudem werden Kontakte zu nationalen Regierungen über die Mitglieder des EDF und den im Rahmen jeder Ratspräsidentschaft präsentierten Memoranden hergestellt (EDF, 2006a). Ferner gibt es

Kommunikationsschnittstellen zum Rat der EU über den COREPER, dem Sekretariat des Rates und den Ratsarbeitsgruppen, wenngleich diese Kontakte bisher unregelmäßig hergestellt werden konnten (vgl. EDF, 2005b).

Neben den Kontakten auf institutioneller Ebene wirkt das EDF in Expertenfunktion in Arbeitsgruppen der „Europäischen Verkehrsministerkonferenz" (ECMT) mit. Die ECMT ist ein verkehrspolitisches und verkehrswissenschaftliches Forum, das keine verbindlichen Beschlüsse fassen kann, dessen Resolutionen jedoch für europäische Staaten eine Richtschnur darstellen (vgl. Bundesministerium für Verkehr, Innovation und Technologie, 2008). Das EDF ist in der Arbeitsgruppe „Barrierefreiheit und Inklusion" vertreten. Da europäische Rechtsakte oftmals auf Empfehlung der ECMT zurück zu führen sind, wird der dortigen Mitarbeit ein hoher Stellenwert eingeräumt. So wurde beispielsweise 2003[29] gemeinsam eine Auszeichnung für Projekte zu Transport und Infrastruktur vergeben, um Verbesserungen für Menschen mit Behinderung im Bereich Transport zu forcieren (vgl. EDF, 2005b).

Darüber hinaus wirkt das EDF im „Europäischen Forum für Gesundheit" mit. Diese Einrichtung bildet eine Plattform, in der ein Erfahrungsaustausch im Gesundheitswesen der EU stattfindet. Obwohl die EU dahingehend keine verbindlichen Beschlüsse treffen kann, da der Politikbereich Gesundheit in den nationalen Kompetenzbereich fällt, sind in diesem Forum Organisationen der Zivilgesellschaft vertreten, um mit ExpertInnen und nationalen EntscheidungsträgerInnen wichtige Maßnahmen zu Gesundheit zu diskutieren und Vorschläge für deren Umsetzung zu machen (vgl. GD Gesundheit und Verbraucherschutz: 2008). Das EDF kann mit seiner Expertise zu „chronic illness and rare diseases"[30] auf die Anliegen Betroffener aufmerksam machen (vgl. EDF: 2005b: 3).

4.1.4.2 Kooperationen und Allianzen mit Eurogroups

Das EDF ist auch Mitglied in anderen Eurogroups. So wirkt der Präsident des Forums in den Entscheidungsgremien der Platform of European Social NGO's mit. Diese entstand 1995 und zählt cirka 40 europäische NRO's. Von Organisationen, welche für die Rechte von Frauen eintreten bis hin zu NRO's für ältere Menschen umfasst dieser Dachverband ein breites Spektrum sozialer NRO's. Die zentrale Funktion der Plattform ist die Kooperation mit Europäischen Institutionen hinsichtlich dem Themenfeld der europäischen Sozialpolitik (vgl. Platform of European Social NGOs, 2009). Das EDF ist in den Arbeitsgruppen all-

---

29 Dieser Wettbewerb ist in Verbindung zweier Jubiläen zu betrachten. Einerseits wurden 10 Jahre UN-Standard Rules und 50 Jahre ECMT gefeiert (vgl. ECMT, 2003).
30 Beispielsweise Multiple Sklerose.

gemeine Dienstleistungen, soziale Dienstleistungen und Sozialpolitik vertreten. Die Mitarbeit in dieser Allianz europäischer sozialer NRO's wird seitens des EDF als sehr wichtig eingestuft, da die Plattform die bedeutendste europäische Kooperation der Zivilgesellschaft darstellt. Darüber hinaus ist das EDF Mitglied der „European Women's Lobby" (EWL) (EDF, 2005b).

Die Agenda des Forums umfasst die Bereiche Transport, Standardisierung, Information und Gesellschaft, Gesundheit, Forschung etc.. Deshalb erhält das EDF auch Anfragen von Eurogroups. Beispielsweise im Rahmen der „European Civil Aviation Conference" (ECAC) oder der „Community of European Railway and Infrastructure Companies" (CER) konnte das EDF mit Stellungnahmen besonders auf die Bedürfnisse behinderter Menschen hinweisen (vgl. EDF: 2005b: 1-17).

Dieser Überblick gibt einen Auszug wichtiger Mitgliedschaften und Kooperationen des EDF im europäischen politischen Prozess. Die Mitgliedschaft des Forums in der Platform of European Social NGO's und der EWL bedeuten eine Zugangsvariante in den politischen Prozess, um mithilfe von Allianzen eine größere Breitenwirkung im europäischen Willensbildungs- und Entscheidungsprozess zu erzielen. Ferner ergibt sich Kooperationen mit diversen Eurogroups entlang des Arbeitsspektrums des Forums.

4.2 Die Mitwirkung des Behindertenforums am europäischen Entscheidungsprozess

Das EDF vertritt die Agenden behinderter Menschen im Entscheidungsprozess der EU. Die Beschäftigungsschwerpunkte des Forums zwischen 1997 und 2007 waren: Im Rahmen der Erarbeitung des Vertrags von Amsterdam (1999) versuchte das EDF noch als beratende Einrichtung in seiner Funktion im HELIOS II-Programm Einfluss zu nehmen. 2000 kam es zur Verabschiedung der Beschäftigungsrichtlinie, die Menschen mit Behinderung im Bereich der Beschäftigung vor Diskriminierung schützten sollten. Ferner wurde Behinderung in der Europäischen Menschenrechtscharta berücksichtigt. Die Richtlinie zur Ausstattung öffentlicher Busse beinhaltet den Zugang für behinderte Menschen. 2003 fand das Europäische Jahr der Menschen mit Behinderung statt, an dem das EDF als Informations- und Koordinationsdrehscheibe die Europäische Kommission unterstützte und die Positionierung eigener Agenden forcierte. Im Jahre 2004 wurden Richtlinien zur öffentlichen Auftragsvergabe beschlossen, in denen Beschäftigung und Barrierefreiheit von und für behinderte Menschen Erwähnung finden (vgl. EDF, 2007a). Exemplarisch werden der Prozess um die Berücksichtigung von Behinderung im Vertrag von Amsterdam, dem Zustandekommen der Verordnung über die Rechte behinderter Flugpassagiere und dem Beschluss zu den europäischen Strukturfonds für die jeweils angewandte Lobbyingstrategie näher dargestellt.[31]

4.2.1 Der Vertrag von Amsterdam

Allen voran orientierte sich die Forderung des EDF an der Implementierung von Behinderung in den vorgesehenen Nichtdiskriminierungsbestimmungen des Vertrages von Amsterdam. Denn die Aufnahme von Behinderung würde die Grundlage für eine Berücksichtigung von Behinderung auf gemeinschaftlicher Ebene dar, so die Einschätzung des Forums (vgl. vgl. EDF, 1998a; EDF, 2007a).

Die frühzeitige Positionierung einer Interessengruppe wird als wesentliche Voraussetzung für eine erfolgreiche Lobbyingstrategie angesehen. Im Falle des Vertrages von Amsterdam nahm das EDF noch als beratende Einrichtung im HELIOS II-Programm teil, arbeitete in den 1995 stattfindenden Vorarbeiten für die IGC mit. Der „Europäische Tag für Menschen mit Behinderung" wurde als organisatorischer Rahmen genutzt. Die Vorarbeiten zu dieser Kampagne begannen bereits 1993 im Zuge einer Tagung von BehindertenvertreterInnen im EP. Die dort verfassten Stellungnahmen führten zur Installierung einer Koordinationsgruppe. Diese Einrichtung setzte sich aus VertreterInnen der Staaten, die den Ratsvorsitz inne hatten, Abgeordneten der Disability Intergroup, RechtsexpertInnen und VertreterInnen des EDF-Sekretariats zusammen. Dieses Komitee wurde mit der Erarbeitung einer einheitlichen Strategie beauftragt und diente zugleich als gruppeninterne Informationsdrehscheibe. Als Kommunikationsschiene wurden im Bedarfsfalle Newsletter übermittelt, die Informationen zu Verhandlungen, aber auch Lobbyingtipps beinhalteten. Darüber hinaus fanden „ad-hoc-briefings" mit Kampagnenmitarbeitern und RechtsexpertInnen statt, sofern diese Beratung für anstehende Verhandlungen benötigten.

Die erste Aufgabe der ExpertInnen war das Elaborieren diskriminierender Bestimmungen in bereits bestehenden europäischen Verträgen.[32] Dadurch konn-

---

31 Wenn nicht anders angegeben orientiert sich die folgende Skizzierung an den Berichten des EDF und den mit den Policy Verantwortlichen Maria Nyman (im Sekretariat verantwortlich für das Lobbying zur Flugpassagierverordnung) und Javier Güemes (im Sekretariat verantwortlich für das Lobbying zu den Europäischen Strukturfonds) durchgeführten Interviews.

32 Ein Beispiel ist die Richtlinie (91/263/EEC) für den Telekommunikationsbereich, welche Produzenten verpflichtet, gewisse Standards in der Produktion von Telekommunikationssendeeinrichtungen zu berücksichtigen. Hierbei wurde jedoch nicht vorgeschrieben, dass diese Produkte auch den Anforderungen für Menschen mit Sinneseinschrän-

te einerseits die Forderung eines Nichtdiskriminierungsparagraphen gestellt und andererseits Mitglieder über die europäische Behindertenthematik informiert und sensibilisiert werden (vgl. EDF, 1998a: 7). Im 1995 präsentierten Bericht „Invisible Citizens" wurde untersucht, inwieweit Behinderung in den europäischen Verträgen berücksichtigt wird. Diese juristische Studie avancierte zum zentralen Instrument einer Kampagne, welche die explizite Erwähnung von Behinderung im Vertrag von Amsterdam einforderte. „... this report played a fundamental role in influencing opinions within the institutions, substantiating arguments in favour of non-discrimination clause with sound legal analysis" (EDF, 1998c: 10). Als Ausgangsziele wurde die Integration von Behinderung in der Nichtdiskriminierungsklausel des Artikels 6 und in den Paragraphen zum Binnenmarkt in Artikel 100a, sowie die Ausarbeitung einer Bestimmung, welche die rechtliche Grundlage für neue europäische Aktionsprogramme darstellen sollte[33], formuliert.

Unter spanischer Ratspräsidentschaft (Juli 1995 - Dezember 1995) wurde eine Arbeitsgruppe eingerichtet, die mit der Erstellung eines Rohentwurfs des Vertrages von Amsterdam beauftragt wurde. Nach einem Treffen dieses Komitees mit VertreterInnen des EDF, welches noch in seiner Funktion als beratenden Einrichtung des HELIOS II eingerichtet war, wurden auch dessen Forderungen in dem Abschlussbericht integriert. Insbesondere die nationale Behindertenorganisation Spaniens spielte bei der Herstellung dieser Zusammenkunft eine wichtige Rolle.

Die Vorschläge des EDF wurden im Zuge der italienischen Ratspräsidentschaft (Jänner 1996 - Juni 1996) von italienischen Behindertenverbänden vertreten. Diese insistierten gegenüber der italienischen Regierung bezüglich einer Aufnahme von Behinderung in die Verhandlungsagenda der ICG. Die Position des EDF wurde 1996 mit der Präsentation des Studie „How can disabled Persons in the European Union achieve equal rights as citizens?" untermauert. Diese Veröffentlichung nahm Bezug auf die ökonomischen Auswirkungen, in denen behinderte Menschen sowohl Konsument als auch Beschäftigte sind. Hiermit sollten vor allem ökonomische Bedenken über entstehende Kosten, im Falle einer vertraglichen Berücksichtigung von Behinderung zerstreut werden.

Jedoch wurden vor allem unter irischer Ratspräsidentschaft (Juli 1996 - Dezember 1996) große Fortschritte in der Erreichung der angestrebten Ziele erzielt. Irische Behindertenverbände stellten eine Analogie zur nationalen Behinderten-

---

kungen entsprechen müssen. Dies führte dazu, dass beispielsweise eine entsprechende Vorschrift in Großbritannien aufgehoben wurde (vgl. Waddington, 2006: 10).

33 Die Artikel 6a und 100a beziehen sich auf die Bestimmungen des Vertrages von Maastricht, wobei ab Amsterdam diese in Artikel 13 und 95a zu finden sind.

politik Irlands her, welche auf dem Prinzip der Chancengleichheit aufbaut. Der irische Europaminister Gay Mitchell machte das Zugeständnis, einen Bezugspunkt von Behinderung im Vertragsentwurf zu integrieren. Die irische Haltung hatte auch Auswirkungen auf die Positionen der europäischen Institutionen. Das Dokument der Kommission und die Entschließung des Rates „ ,On equality of opportunity for people with disabilities' ... provided an excellent illustration of the sea change towards a rights based approach to disability" (EDF, 1998c: 12). So folgten Stellungnahmen des EP's und der Europäischen Kommission, die für die vertragliche Aufnahme von Behinderung Position bezogen.

Mit der niederländischen Ratspräsidentschaft (Jänner 2007 – Juli 1997) wurde die Endphase der Vertragsverhandlungen eingeleitet. Das EDF intensivierte seine Aktivitäten, da der Bezug zu Behinderung im Artikel 100a (Binnenmarkt), der im irischen Entwurf noch vorhanden war, in der niederländischen Vertragsrevision herausgenommen wurde. Die Zusammenarbeit mit den Abgeordneten der Disability Intergroup „ gave a renewed boost to the work" (EDF, 1998c: 13). Das strategische Kalkül lautete mehr Behindertenverbände zu aktivieren. Mithilfe des Engagements niederländischer NRO's kam ein Treffen mit dem niederländischen Außenminister Michiel Patijn zustande. Dem Minister konnte die Zustimmung abgerungen werden, dass bisherige Bestimmungen zum Binnenmarkt und zur Standardisierung von Produkten den Bedürfnissen behinderter Menschen nicht zur Gänze gerecht werden. Er begrüßte die ergänzenden Vorschläge zu Artikel 100a und bestätigte, dass ohne einen verbindlichen Beschluss alle Regelungen zur Inklusion behinderter Menschen unterminiert werden. Bis zum Abschluss der Vertragsverhandlungen wurden Kampagnen des EDF durchgeführt. Im Juni 1997 organisierten niederländische Behindertenorganisationen Veranstaltungen, welche die Bedeutung der Aufnahme des Artikels 6a und 100a für behinderte Menschen untermauerten.

An den letzten Tagen der Verhandlungsrunden in den Niederlanden kam es noch zu Veränderungen des Vertragstextes und nicht alle bis dahin noch vorhandene Bestimmungen blieben darin erhalten. „This well illustrates the dynamic of the IGC campaign. Even at their very last stages, key references can be used as bargaining tools between governments for what they perceive as more important issues." (EDF, 1998c: 15). Das vorrangige Ziel konnte mit der Aufnahme von Behinderung im Artikel 13 des Vertrages von Amsterdam erreicht werden. Eine verbindliche Bestimmung im Artikel 95a mit einem Bezug zu Behinderung wurde nicht im Vertrag integriert. Dennoch wurde mit der angefügten Deklaration 22 das Zugeständnis gemacht, dass im Rahmen zukünftiger gemeinschaftlicher Rechtsakte die moralische Verpflichtung einer nichtdiskriminierenden Gesetzgebung erwächst (vgl. EDF, 1998c).

4.2.2 Verordnung über die Rechte behinderter Flugpassagiere

Der Gemeinschaftsbeschluss über die Rechte behinderter Flugpassagiere stellt die erste behindertenspezifische Verordnung der EU dar. Obwohl bereits gemeinschaftliche Bestimmungen über die Rechte von Flugpassagieren existierten, wurden behinderte Menschen nicht vor Diskriminierungen geschützt. Fluglinienbetreibern gestanden in informellen Gesprächen mit der Kommission und dem EDF zu, den Bedürfnissen behinderter Flugpassagiere gerecht zu werden, setzten diese aber in der Realität nur zaghaft und wenig zufriedenstellend um. So wurden behinderte Menschen an Flugreisen gehindert oder diese waren für sie mit erhöhten Kosten verbunden (vgl. EDF, 2005c). Beispielsweise weigerte sich eine Billigfluglinie einem gehbehinderten Asthmatiker am britischen Flughafen Stansted einen kostenlosen Rollstuhl zur Verfügung zu stellen. Der Betroffene musste bei seinem Abflug und bei seiner Rückkehr jeweils 18 Pfund Gebühr für den benötigten Rollstuhl entrichten (vgl. Spiegel, 2004).

Die Kommission reagierte auf diese rechtliche Lücke und erarbeitete einen Vorschlag. Die wesentlichsten Punkte waren: Erstens sollte behinderten Menschen kein benötigter Mehraufwand in Rechnung gestellt werden. Zweitens darf behinderten Flugpassagieren nicht aufgrund ihrer Behinderung eine Flugreise verweigert werden und drittens, müssen behinderten Flugpassagieren entsprechende Einrichtungen für die gesamte Flugreise zur Verfügung gestellt werden (vgl. Europäische Kommission, 2005b).

Obwohl das EDF grundsätzlich mit diesem Vorschlag einverstanden war, wurde eine Reihe von Verbesserungen vorgeschlagen. Dafür setzte der Verwaltungsrat des EDF eine „Task force" ein, welche den Kommissionsvorschlag überarbeitete und ergänzte. So sollte das Recht der Reisefreiheit für behinderte Flugreisende - wie sie bereits für alle anderen Passagiere gilt - in der Verordnung aufgenommen werden. Auch das Recht auf Schadenersatz, individuell angepasste Assistenzleistungen, die Ausweitung des Geltungsbereiches auch für Flughäfen unter einer Kapazität von 2 Millionen Passagieren pro Jahr und Ausnahmen für behinderte Menschen bei bestehenden Sicherheitsvorschriften stellen einen Auszug wesentlicher Forderungen des Forums dar (vgl. EDF, 2005c).

Ein interessanter Aspekt kommt den im EDF geführten Diskussionen um die Bezeichnung der Verordnung zu. Der ursprüngliche Kommissionsvorschlag sprach von Menschen mit Mobilitätseinschränkungen. Einige Mitglieder des EDF sahen darin Menschen mit Sinneseinschränkungen nicht angesprochen und forderten deshalb eine Ausweitung des Titels. Maria Nyman, Policy Officer und verantwortlich im EDF für die Umsetzung dieser Forderungen merkt an: „Il y avait certaines des membres qui disent mais c'est ridicule parce qu'il y a beaucoup de choses qui sont plus importants et on va perdre du temps avec cette discussion là"[34] (Interview: Maria Nyman). Trotz dieser kontroverser Auffassungen konnten die Mitglieder im Rahmen dieses Dossiers leicht mobilisiert werden, da diese Verordnung im Gegensatz zu anderen europäischen Rechtsakten für viele – aufgrund eigener Betroffenheit - nachvollziehbar war (Interview: Maria Nyman).

Das EDF stellte mit dem Verbesserungsvorschlag den Kontakt mit dem COREPER her. Der Umstand, dass die für dieses Dossier zuständige Beamtin bereits in der Arbeitsgruppe Inklusion und Barrierefreiheit tätig war, erleichterte dem EDF den Zugang zum Rat. Auch die Zusammenarbeit mit der Verantwortlichen in der Regierung Großbritanniens, die zu diesem Zeitpunkt den Ratsvorsitz (1. Juli - 31. Dezember 2005) innehatte, wird als sehr gut bezeichnet. Dennoch erwies sich die Kooperation mit dem EP als wichtigste institutionelle Unterstützung, um die Forderungen des EDF im Entscheidungsprozess artikulieren zu können. Das EP hat im Bereich Transport das Mitentscheidungsrecht. Der Zugang zum Parlament war in dieser Angelegenheit leicht zu bewerkstelligen, da der britische Abgeordnete zum EP Robert Evans Berichterstatter des Parlaments im Rahmen der Flugpassagierverordnung zugleich auch Mitglied der Disability Intergroup war. Hier stellte sich der britische Ratsvorsitz wiederum als Vorteil heraus, da Evans als britischer Vertreter der sozialistischen Fraktion im EP einen guten Zugang zum Rat hatte. So konnte das EDF mit dessen Unterstützung in London eine Konferenz über die Bedeutung einer Verordnung für behinderte Flugpassagiere abhalten. Darüber hinaus wurden eine Reihe von Konferenzen und Zusammenkünfte mit Abgeordneten zum Europäischen Parlament sowohl in Brüssel als auch in Straßburg organisiert. Dies hat dazu beigetragen, dass die Vorschläge des EDF vom EP beinahe zur Gänze angenommen wurden. Zudem konnte mit anderen Organisationen zusammengearbeitet werden. So wurden mit der „European Elder People´s Platform" (AGE), der „Organisation des Passengers en Europe", aber auch mit Flughafenbetreibern Interessensübereinstimmungen gefunden.

Im endgültigen Beschluss der EU finden sich eine Reihe der Vorschläge des EDF wieder. Zunächst wird festgestellt, dass die Artikel für behinderte Menschen und Personen mit eingeschränkter Mobilität gelten. Damit werden ausdrücklich auch Menschen mit Sinnesbehinderung oder intellektueller Behinderung mit eingeschlossen. Zudem muss ihnen unentgeltlich die Hilfe gewährleis-

---

34 Übersetzung: Es gab einige Mitglieder welche diese Diskussion nicht verstanden, da sie meinten, dass es eine Vielzahl wichtigerer Punkte gibt und damit wertvolle Zeit verloren geht.

tet werden, welche sie benötigen, um Flugreisen nutzen zu können. Dazu gehören u. a. der Transport vom Abfertigungsschalter zum Flugzeug, die Erledigung der Abfertigung, das Besteigen bzw. das Verlassen des Luftfahrzeugs mit Hilfe von Rollstühlen oder sonstigen benötigten Hilfen, der Gang zu Toiletten, das Erreichen von Anschlussflügen oder die Abfertigung aller notwendigen Ausrüstungen, wie elektrische Rollstühle (sofern 48 Stunden vor Abreise eine Anmeldung vorliegt und an Bord genügend Platz ist). Zudem gelten die Bestimmungen für alle Flughäfen über einer Kapazität von 150.000 Flugpassagieren pro Jahr. Damit konnte die von der Kommission vorgeschlagene Zahl (2 Millionen Passagieren pro Jahr) eindeutig reduziert werden (vgl. Rat der EU, 2006a).

Dennoch wurden nicht alle Forderungen des EDF berücksichtigt. Denn nach wie vor darf der Transport verweigert werden, wenn gegen geltende internationale, gemeinschaftliche oder nationale Sicherheitsvorschriften (beispielsweise wenn die Anweisungen der FlugbegleiterInnen nicht verstanden bzw. befolgt werden können) verstoßen wird oder wenn aufgrund der Größe des Luftfahrzeugs die Mitnahme (beispielsweise) eines Rollstuhls unmöglich ist (vgl. Rat der EU, 2006a).

4.2.3 Regelungen zu den europäischen Strukturfonds

Die Strukturfonds[35] bilden das wichtigste Finanzierungsinstrument der Europäischen Union. Der Europäische Fonds für regionale Entwicklung (EFRE) zielt darauf ab, das Entwicklungsgefälle zwischen den Regionen und den Mitgliedstaaten zu verringern. Damit soll der wirtschaftliche und soziale Zusammenhalt in der EU verstärkt werden, um die Anforderungen des gemeinsamen Binnenmarktes überall in der EU bewältigen zu können. In vielen europäischen Regionen stellt der EFRE den größten Fördergeber dar. Er umfasst 43 Milliarden Euro, was 35% des Gesamtbudgets der EU ausmacht. Das EDF stellte fest, dass Fördermittel vergeben werden, ohne dass Nichtdiskriminierung und Barrierefreiheit als Bedingung für deren Zuerkennung vorgesehen sind. So konnten Pro-

---

35 In der Förderperiode 2007 bis 2013 gibt es vier Strukturfonds-Instrumente: Der Europäische Fonds für regionale Entwicklung (EFRE) stellt das wichtigste Finanzierungsinstrument der Regionalprogramme dar. Seine Finanzmittel werden je nach Einzelfall durch Mittel des Europäischen Sozialfonds (ESF) zur Förderung der Weiterbildung und zur Bekämpfung der Arbeitslosigkeit sowie durch Mittel des Europäischen Ausrichtungs- und Garantiefonds für die Landwirtschaft (EAGFL) für Maßnahmen zur ländlichen Entwicklung ergänzt. Im FIAF (Finanzinstrument für die Ausrichtung der Fischerei) sind seit 1994 sämtliche Finanzierungsinstrumente für die Fischerei zusammengefasst (vgl. Europäische Kommission, 2008b).

jekte zur Infrastruktur, Transport, Aufbau von Schulen, Ausbildungsprogramme, etc. genehmigt werden, die einen Zugang für behinderte Menschen nicht als conditio sine qua non für eine Förderung erforderlich machten. Das EDF war sich einig, dass entsprechende Bestimmungen einen sogenannten Multiplikatoreneffekt haben werden und räumten der Lobbyingarbeit Mitarbeit am Verhandlungsprozess über die Neufestlegung der europäischen Strukturfonds eine hohe Prioritätsstufe ein (vgl. Europäische Kommission, 2008b; EDF, 2006d: 4).

Die Europäische Kommission machte 2004 den Vorschlag zu einer Neufestlegung der Regelungen der Strukturfonds um die Vergabe regionaler Förderungen an den Erweiterungsprozess der EU anzupassen. Das EDF trat mit den Verantwortlichen der Kommission frühzeitig in Kontakt, um deren Position bezüglich einer Aufnahme der Prinzipien Nichtdiskriminierung und Barrierefreiheit zu artikulieren. Die Kommission befürwortete die Anliegen der Nichtdiskriminierung, wohingegen sie der Forderung der Barrierefreiheit skeptisch und ablehnend gegenüberstand, da sie der Auffassung war, dass dies in den nationalen Kompetenzbereich fällt.

Das EDF initiierte eine Kampagne und trat in Kontakt mit dem COREPER. Javier Güemes verantwortlicher Policy Officer meint hierzu: „ Le Conseil n'était pas évident qu'on allait réussir, mais il dit, si quelqu'un autre met cette dossier á la table on ne va pas s´opposer"[36] (Interview: Javier Güemes). Dies führte dazu, dass sich das EDF an das EP wandte. Mithilfe der Disability Intergroup und ganz besonders der Unterstützung der Berichterstatter des EP's wurde das Parlament als Befürworter für die Forderungen des Forums gewonnen. Daraus resultierte eine Pattsituation: Die Kommission war dagegen, der Rat stand diesem Dossier eher gleichgültig gegenüber und das EP war dafür. Die Gefahr in dieser Situation bestand darin, dass aufgrund der Vielzahl an Verhandlungspunkten im europäischen Entscheidungsprozess die Chancen einer Einigung in kritischen Dossiers zunehmend sinken. Javier Güemes führt hierzu an: „Si la question du handicap commence à tomber parce qu'on ne trouve pas un accord, ca tombe et tombe et puis il est la première chose qui est enlevé de la liste des négociations et on va se concentrer sur les autres points"[37] (Interview: Javier Güemes).

Mit einem Mehrebenenlobbying wurde versucht den politischen Forderungen des EDF Nachdruck zu verleihen. Dessen Mitglieder kommunizierten mit

---

36 Übersetzung: Der Rat glaubt nicht, dass wir Erfolg haben werden, aber er sagte, wenn jemand anderer dieses Dossier auf die Agenda setzt, dann werden wir uns nicht entgegenstellen.

37 Übersetzung: Wenn während der Verhandlungsrunden im Dossier Behinderung keine Übereinstimmung gefunden wird, dann verschiebt es sich in den Prioritätslisten nach hinten, bis es gänzlich von der Verhandlungsliste gestrichen wird.

ihren nationalen Regierungen, um diese auf die Notwendigkeit der Integration von Barrierefreiheit zu überzeugen. Auch die Kooperation mit den Mitgliedern der Platform of European Social NGO's ist zu erwähnen. Mit den Umweltorganisationen der Plattform gab das EDF gemeinsame Stellungnahmen aB. Ferner ist hervorzuheben, dass die Vorschläge des EDF übernommen und mit einer hohen Prioritätsstufe in den Verhandlungen bewertet wurden. In Summe führte dies dazu, dass die Forderungen weiterhin diskutiert wurden und in den Neuregelungen der Strukturfonds sowohl Nichtdiskriminierung als auch Barrierefreiheit Aufnahme fanden (vgl. EDF: 2006d: 4f).

So enthält Artikel 16 über die generellen Regelungen der Strukturfonds die Bedingung, dass die Mitgliedstaaten geeignete Maßnahmen bezüglich der Nichtdiskriminierung von behinderten Menschen zu ergreifen haben. Im Rahmen der Zuerkennung von Förderungen sollte besonders das Kriterium der Barrierefreiheit für behinderte Menschen berücksichtigt werden. Zudem verpflichteten sich die Mitgliedsstaaten hinsichtlich der Vergabe von Förderungen die Zivilgesellschaft zu konsultieren (vgl. Rat der EU, 2006b). In den Regelungen des Europäischen Fonds für regionale Entwicklung (EFRE) und des Europäischen Sozialfonds (ESF) finden sich ebenfalls Bezugspunkte zu nachhaltiger Entwicklung, Nichtdiskriminierung, dem Zugang zu Beschäftigung, der Eingliederung behinderter Menschen in den Arbeitsmarkt, etc. Im Rahmen der Evaluierung kofinanzierter Förderprojekte des ESF sollten soziale Inklusion und Nichtdiskriminierung berücksichtigt werden, wobei Behinderung nicht explizit erwähnt wird.

Resümierend wird seitens des EDF der Lobbyingarbeit zu den Strukturfonds ein großes Maß an Nachhaltigkeit eingeräumt, da diese Auswirkungen auf die Behindertenpolitik der Mitgliedstaaten haben (Interview: Javier Güemes). Inwiefern die auf europäischer Ebene errungenen Zugeständnisse in der nationalen Behindertenpolitik umgesetzt werden, wird nicht nur davon abhängen, wie nationale Administrationen diese Bestimmungen interpretieren, sondern auch wie nationale Behindertenverbände diese einfordern. Deshalb werden nationale Behindertenverbände entsprechende Informationen seitens des Forums bereitgestellt, um die legislative Bedeutung dieser Verordnungen entsprechend einzuschätzen, ein effizientes Monitoring zu betreiben und so auf nationale politische Prozesse einwirken zu können (EDF, 2006d: 4f.).

5 Das EDF – Eine selbstständige abhängige Interessenvermittlung

Es sei in Erinnerung gerufen, dass die Selbstbeschreibung des EDF als Lobby für behinderte Menschen den handlungsanleitenden Ausgangspunkt dieser Untersuchung markierte. Lobbyismus ist die nicht über die Verfassung geregelte Mitwirkung an der politischen Gestaltung eines Staates durch die Einflussnahme von Interessengruppen. Diese wiederum sind dauerhaft organisierte, auf freiwilliger Mitgliedschaft basierende Zusammenschlüsse wirtschaftlicher oder gesellschaftlicher Gruppen, welche die divergierenden Einzelinteressen ihrer Mitglieder koordinieren. Anhand des zur Verfügung stehenden Materials wurde das EDF als europäischer Behindertenverband und dessen Arbeit als Lobby dargestellt. Einflussfaktoren, welche dessen Gründung, Weiterbestehen und Handlungsfähigkeit determinieren, lassen sich bestimmen.

5.1 Entstehungsgründe

Für die Entstehung und vor allem die Kontinuität des EDF als Interessengruppe ist die Strategie der Europäischen Kommission, welche die Gründung europäischer Netzwerke und in weiterer Folge europäische Dachverbände fördert und unterstützt, anzuführen. So waren die drei gemeinschaftlichen Aktionsprogramme (Soziale Integration 1972-1979, HELIOS I 1988-1992, HELIOS II 1993-1996) welche vorerst zu einem Informationsaustausch bzw. einer Vernetzung europäischer ExpertInnen führten, als Ausgangspunkt, die in weiterer Folge in die Gründung eines europäischen Behindertendachverbandes mündeten. Dies wird auch seitens des EDF bestätigt: „In the area of disability, successive action programmes [...] promoted cross-European networking and culminated in the creation of the European Disability Forum (EDF 2007a).

Die europäischen Aktionsprogramme der EU bildeten die organisatorische Grundlage für die Entstehung des Forums, dennoch erhielt das EDF nur aufgrund der aktiven Unterstützung der Behindertenverbände die Legitimität als europäischer Behindertendachverband zu agieren. Mit den Vertragsverhandlungen zu Amsterdam und den auf der Agenda stehenden Nichtdiskriminierungsbestimmungen wurde ein kollektives Interesse der im HELIOS II-Aktionsprogramm involvierten AkteurInnen gebildet. Denn hier stellte sich für Behindertendachverbände der Nutzen eines auf europäischer Ebene agierenden Koordinations- und Informationsnetzwerk heraus. BehindertenvertreterInnen erkannten die Notwendigkeit auf europäischer Ebene zu kooperieren, um den bis dahin beinahe unberücksichtigten Politikbereich Behinderung in den Verträgen zur EU einzufordern. Gerard Quinn formuliert: „... the HELIOS II programme was a catalyst to the awakening of the European NGO community to the significance of EU Treaty law" (Qinn, 1999: 304).

Im Rahmen der Verhandlungen zum Vertrag von Amsterdam versuchte das EDF Behinderung in das Vertragswerk zu implementieren. Die politischen Rahmenbedingungen ließen die Integration dieser Forderungen in den Entscheidungsprozess zu. Javier Güemes, Policy Officer des Forums, meint dazu: „L'Union européenne était dans une autre philosophie que maintenant. Á l'époque il' y avait une forte lutte des mouvements sociales et il' y avait aussi un climat politique qui est différent que maintenant"[38] (Interview: Javier Güemes). Die wirtschaftlich positiven Entwicklungen, die Forderung weiterer beschäftigungspolitischer Maßnahmen und die veränderten politischen Rahmenbedingungen gaben den Regierungskonferenzen 1996 und 1997 eine Dynamik, die einen derartigen Abschluss ermöglichten (vgl. Schäfer, 2004: 9). Die Aufnahme von Behinderung in Artikel 13 des Vertrages von Amsterdam und die Herausbildung eines eigenständigen europäischen Behindertendachverbandes respektive dem EDF fielen in diesen Zeitrahmen. Hiermit wurde der Grundstein einer europäischen Behindertenpolitik gelegt, die europäische legislative Akte (Richtline 2000/48) und Initiativen (Europäisches Jahr der Menschen mit Behinderung) setzten, an denen das EDF als Interessendachverband involviert wurde. Die Gründung des EDF ist in Anlehnung europäischer Integrationsentwicklungen, der Strategie der Europäischen Kommission und dem Willen der Zusammenarbeit nationaler und transnationaler Behindertenverbände zu betrachten.

5.2 Zur Unabhängigkeit

Die finanzielle Unterstützungspraxis der Europäischen Institutionen bildet einen weiteren wichtigen Bestandteil die zur Gründung und Etablierung sozialer Eurogroups führt. Die Einnahmen des EDF, mit über einer Million Euro jährlich, übersteigen das Jahresbudget von mehr als der Hälfte der in Brüssel aktiven Interessenvertretungen. Dennoch ruft der Finanzierungsmodus ein Gefühl der Verunsicherung hervor, da die Unterstützung jährlich mit dem Arbeitsprogramm beantragt werden muss. Auch wird das EDF von der Europäischen Kommission

---

38 Übersetzung: Die Europäische Union hatte eine andere Philosophie als gegenwärtig. Damals gab es einen großen Kampf sozialer Bewegungen und es gab ein anderes politisches Klima als dies heute der Fall ist.

aufgefordert, andere Finanzierungsformen zu suchen. Dieser Versuch wurde bereits unternommen, indem Anfragen an Konzerne bezüglich einer potenziellen Unterstützung durchgeführt wurden. Die negative Reaktion wird im EDF damit begründet, dass dieses als europäischer Behindertendachverband und dessen Arbeit im europäischen Entscheidungsprozess keinen unmittelbaren Mehrwert für UnternehmerInnen darstellen (Interviews: Carlotta Besozzi, Muriel DaVia).

Der Umstand der finanziellen Abhängigkeit des EDF wirft die Frage auf, inwiefern soziale Interessengruppen im Allgemeinen und soziale Eurogroups im Besonderen nach einer marktwirtschaftlichen Logik ent- bzw. bestehen können. Eine mögliche Variante stellt ein erhöhter Ressourceneinsatz der Mitglieder dar. Aber es stellt sich heraus, dass nicht alle Mitglieder im europäischen Dachverband mitarbeiten können. Valérie Asselberghs zuständig für die interne Kommunikation im EDF stellt fest: „Il y a de grandes organisations de très grandes structures avec beaucoup de personnelles et avec un coordinateur européen qui ne fait que ca. Mais il y a de plus petites structures où parfois il n'y a qu'une personne qui doit s'occupé de leur agenda et en plus répondre a nôtre demandes ... et c'est un problème des ressources"[39] (Interview: Valérie Asselberghs). Darüber hinaus war einigen Organisationen die Erbringung des jährlichen Mitgliedsbeitrags nicht möglich, wie dies beispielsweise für die Organisationen „The Forum of People with Disabilities Ireland" und „The Wroclaw Council or People with Disabilities" der Fall war. Hier führten ausständige Mitgliedsbeiträge zu einer Aberkennung des Mitgliedschaftsstatus (vgl. EDF, 2007b).

So lässt sich festhalten, dass die Europäische Kommission zwar ein Interesse an einem auf europäischer Ebene agierenden Behindertendachverband hat, diesem jedoch keine Bestandskontinuität zusichert bzw. gewährleisten kann. Auch in dieser Untersuchung wird die Annahme bestätigt, dass die Unterstützung sozialer Eurogroups seitens der Europäischen Kommission im Kontext der Expansion ihrer Befugnisse zu betrachten ist.

5.3 Zugang zu Entscheidungszentren

Die Integrationsfähigkeit europäischer Interessengruppen steht in Verbindung mit dem Zugang zu europäischen Entscheidungszentren: Sofern ein Dachverband darin eingebunden ist, steigt die Bereitschaft nationaler Mitglieder diesen

---

39 Übersetzung: Es gibt große Organisationen mit großen Strukturen und mit viel Personal und einen EU-Koordinator, der sich ausschließlich damit beschäftigt. Aber es gibt auch kleinere Strukturen, wo manchmal eine Person sowohl ihre eigene Agenda bearbeitet und zusätzlich auf unsere Anfragen antworten muss ... das ist ein Ressourcenproblem.

als zentralen Zugangskanal zur EU zu nutzen. Bezüglich der Einbindung von Interessengruppen wird darauf verwiesen, dass vor allem die Kommission bevorzugt europäische Verbände in ihre Beratungen einbezieht.

Mit der Europäischen Kommission besteht eine regelmäßige Verbindung über die Abteilungen „Eingliederung von Menschen mit Behinderung" und „Nichtdiskriminierung". Hier lässt sich annehmen, dass diese Kommunikationsschnittstelle im Lichte der Unterstützungspraxis der Kommission zu betrachten ist. Muriel DaVia, verantwortlich im EDF-Sekretariat für Finanzen, beschreibt dies folgendermaßen: „L´avantage c´est qu' on a des moyens a fonctionner grâce à l´Union européenne. Si l´Union européenne nous ne finance pas nous ne pourrions faire tous que nous faisons. En contre partie on ne fait pas ce qu´on veut. On n´est jamais tout à fait libre"[40] (Interview: Muriel DaVia). Diese Einschränkung in der Handlungsfähigkeit ergibt sich daraus, da das EDF für die Kommission im Rahmen der Behindertenpolitik Stellungnahmen abgibt und oftmals deren Koordinationsaufgaben (beispielsweise der Europäische Tag der behinderten Menschen) übernimmt. Und so wird von AkteurInnen angemerkt, dass das EDF oftmals den Hauptteil der Arbeit für die Kommission erledigt. Zudem wird von MitarbeiterInnen des EDF-Sekretariats betont, dass sich abseits der Schwerpunkte Behinderung und Nichtdiskriminierung der Zugang zu anderen GD's als sehr schwierig erweist (Interview: Valérie Vanbesien).

Das EP hat die Zugangskanäle über die jeweiligen Ausschüsse und deren Berichterstatter und über die Intergroups. Das EP ist für externe Anfragen zugänglich, da es einen Bedarf an Informationen hat und das einzige gewählte Organ der EU ist. Die Einflussnahme auf das EP wurde in den letzten Jahren vor allem von LobbyistInnen der Wirtschaft genutzt, wobei mit der Etablierung sogenannter ‚Intergroups' insbesondere für öffentliche Interessen ein neuer Zugangskanal geschaffen wurde. Pauline Cullen sieht in den Intergroups eine neue Chance für soziale Interessengruppen, ihre Anliegen zu artikulieren. Mit dem EP besteht die Verbindung über das im EDF eingerichtete Sekretariat der Disability Intergroup. Diesen Zugang bestreitet das EDF aus eigenen finanziellen Mitteln und somit unabhängig von der Kommission. Dies zeigt sich auch in angewandten Lobbyingstrategien, in denen die Kooperationen mit dem EP ein Maß an Selbstständigkeit ermöglichen. Diese Mittel werden aus den Beiträgen der Mitglieder aufgebracht.

---

40 Übersetzung: Der Vorteil ist, dass wir die Mittel haben um arbeiten zu können, dank der Europäischen Union. Wenn die Europäische Union uns nicht finanzieren würde, könnten wir nicht alles machen. Andererseits machen wir nicht alles, was wir möchten. Wir sind nicht gänzlich in unserer Handlungsfähigkeit frei.

Das Forum nimmt an themenspezifischen Arbeitsgruppen teil und ist selbst Mitglied in der Platform European Social NRGO's und der European Women Lobby. Eine dritte Form des Zugangs zu europäischen Entscheidungszentren wird somit über Kooperationen mit sozialen Eurogroups wie etwa der Platform European Social NGO's hergestellt. Es lässt sich daraus folgern, dass die Bildung europäischer Allianzen die politische Breitenwirkung erhöht und einen weiteren Zugang zu europäischen Entscheidungszentren darstellt. Dennoch zeigen sich Unterschiede in den angewandten Strategien und in den vertretenen Interessen, welche der Bildung europäischer Allianzen entgegenwirken.

5.4 Gründe für erfolgreiches Lobbying

Die Einflussausübung des EDF ist vorrangig an formelle und informelle Entscheidungsmechanismen, den sogenannten ‚decision rules' gebunden. Die in dieser Untersuchung dargestellten Lobbyingdossiers bestätigen diese These. Der Verhandlungsprozess zum Vertrag von Amsterdam und das wie seitens des Policy Officer im EDF beschriebene günstige politische Klima bildete eine der Grundvoraussetzungen, für das erfolgreiche Lobbying des EDF. Aber auch nationale Entwicklungen konnten für eigene Zwecke genutzt werden. So fanden unter niederländischer Ratspräsidentschaft in Großbritannien und Frankreich Parlamentswahlen statt. Insbesondere die britische Labour Partei machte mit ihrem Sprecher Robin Cook klar, dass diese für den Schutz behinderter Menschen eintritt. Britische Behindertenverbände pochten auf die Einhaltung gemachter Zugeständnisse der neuen Labourregierung, welche in weiterer Folge zu einer Abkehr der ablehnenden Haltung Großbritanniens bezüglich der Aufnahme einer Deklaration zum Artikel 100a führte.

Die kollektive und koordinierte Vorgehensweise der nationalen Behindertenverbände erwies sich als wichtiger Baustein für ein erfolgreiches Lobbying. Denn die europäische Solidarität stellte die Dringlichkeit der politischen Forderungen unter Beweis. Besonders hervorzuheben ist die Haltung niederländischer Behindertenverbände, die eine Abschwächung ihrer nationalen Behindertenpolitik (Stichwort Mainstreaming) zuließen und diesen Erfolg erst ermöglichten. So wird festgestellt: "These allegiances will be crucial for future campaign work" (EDF, 1998c: 15). Hinsichtlich dem Zustandekommen der Verordnung für Flugpassagiere und dem Verhandlungsprozess über die Neufestlegung der europäischen Strukturfonds zeigt sich ein Mehrebenlobbying, im dem die Mitglieder des EDF diese Dossiers auf nationaler Ebene thematisierten.

In allen drei dargestellten Lobbyingkampagnen wurde mit Organisationen, wie die der Platform zusammengearbeitet. Gemeinsame Stellungnahmen wie im Zuge der Vertragsverhandlungen zu Amsterdam wurden verfasst. Dies gab der vertretenen Forderung ein notwendiges Maß an Repräsentativität und Breitenwirkung. Dennoch wird vom EDF betont, dass die unterschiedlichen Interessen eine einheitliche Vorgehensweise oftmals nicht zulassen (Interview: Valérie Vanbesien). Das EDF wird von anderen Eurogroups als Ansprechpartner zu Behinderung auf europäischer Ebene angesehen. Deshalb ist dieser Aspekt weniger dem unmittelbaren Lobbying zuzuordnen, als vielmehr der Vernetzungstätigkeit, die zu einem Informationsaustausch und führt.

Eine weitere wichtige Voraussetzung für erfolgreiches Lobbying ist die Nutzung europäischer interinstitutioneller Verhandlungslogiken. Dem Zustandekommen der Verordnung für Flugpassagiere und die teilweise Berücksichtigung der Standpunkte des EDF geht der Handlungsbedarf europäischer Institutionen voraus. So erarbeitete die Kommission bereits einen Vorschlag und europäische Institutionen (COREPER, EP) vertraten die Ansicht, dass in diesem Bereich eine Regelungslücke besteht. Maria Nyman, verantwortlich im EDF für dieses Dossier merkt hierzu an: „En général, l'Union européenne essaie toujours seulement de donner des recommandations et elle ne vas pas s' imposer quand il ne faut pas. Mais là, il y avait un grand besoin où on voyait que les recommandations n'étaient pas suffisantes respectées"[41] (Interview: Maria Nyman). Auch hinsichtlich des Verhandlungsprozesses über die Neufestlegung der europäischen Strukturfonds und die Einflussnahme des EDF wird die nicht ablehnende Haltung des Rates hervorgehoben. Denn, wäre der Rat nicht am Beginn bereit gewesen, die Forderungen auf die Verhandlungsagenda zu setzen, dann hätte laut Javier Güemes keine Aussicht auf ein positives Ergebnis bestanden: „Le Conseil ne s'opposait pas à ceux qu'on a proposé et c'était vraiment très important"[42] (Interview: Javier Güemes). Die Abkehr der Kommission von ihrer ablehnenden Haltung wird seitens des EDF mit der Bedeutung des Konsensprinzips im interinstitutionellen Verhandlungsprozess begründet.

---

41 Übersetzung: Im Allgemeinen gibt die Europäische Union Empfehlungen ab und versucht keine verbindlichen Regelungen zu schaffen, wenn es nicht unbedingt sein muss. Aber hier gab es ein großes Bedürfnis, da man sah, dass die abgegebenen Empfehlungen nicht entsprechend eingehalten wurden.

42 Übersetzung: Der Rat hat sich unseren Vorschlägen nicht entgegengestellt und das war wirklich sehr wichtig.

5.5 Herausforderungen für das EDF

Große Dachverbände haben Schwierigkeiten in der Bestimmung einer gemeinsamen Position und artikulieren nur sehr allgemeine politische Forderungen. Auf der anderen Seite steigt mit einer größeren Spezifität der Interessendomäne die verbandsinterne Interessenkohärenz.

Das EDF zählte 1997 noch 95 Mitglieder, 2006 bereits 113. Diese Entwicklung brachte jedoch größere Herausforderungen für den internen Entscheidungsprozess des EDF mit sich. So wird seitens des EDF festgestellt: „Of course, there were differences of opinion between the members of the new umbrella organization, but their commitment was strong and their shared vision was clear" (EDF, 2007a: 6). So wird auch von Maria Nyman, Policy Officer im EDF, angeführt: „Il y a toujours des positions différentes dans le mouvement. Mais je suis impressionnée quand on arrive quand même à trouver une solution"[43] (Interview: Maria Nyman).

Die Spezialisierung des EDF führt dazu, dass dessen Aktivitäten im europäischen Entscheidungsprozess für seine Mitglieder oftmals nicht nachvollziehbar sind (Interviews: Maria Nyman, Javier Güemes, Valérie Vanbesien). Hinsichtlich des Zustandekommens der Verordnung für Flugpassagiere wird hervorgehoben, dass die Mobilisierung der Mitglieder erreicht werden konnte, da die Forderungen des EDF nachvollziehbar vermittelt wurden. Als Erklärung lässt sich hierfür anführen, dass der europäische Gesetzgebungsprozess und die Einforderung der Rechte behinderter Menschen detaillierte rechtliche Kenntnisse erfordern. Die teilweise fehlende Kenntnis nationaler Mitglieder über diskriminierende Tatbestände und die Besonderheit von Behindertenrechten stehen dem entgegen: „The international language of disability rights is ‚pre-legal': it furnishes statements which can attract wide support and mobilize political participation, rather than providing a precise definition of what is entailed in the rights claimed" (Mabbett, 2005: 113).

Die nationalen Zugänge zum Begriff Behinderung, werden von der gesellschaftlichen Wahrnehmung der jeweiligen Nationalstaaten beeinflusst. Die Untersuchung des europäischen statistischen Zentralamtes (2002) über die Wahrnehmung einer Behinderung zeigt große Unterschiede in der persönlichen Bewertung gesundheitlicher Einschränkungen auf. Demzufolge ist davon auszugehen, dass die Mitglieder des EDF ein divergierendes gesellschaftliches Bewusstsein zu Behinderung aufweisen. Diese Einschätzung wird hinsichtlich der Evaluierung des HELIOS II-Programms untermauert. Unter den damals noch 15

---

43 Übersetzung: Es gibt immer unterschiedliche Positionen in der Bewegung. Und ich bin immer beeindruckt, dass wir trotzdem eine gemeinsame Lösung finden.

Mitgliedstaaten wurden Begriffe wie Integration, Integration in den Arbeitsmarkt, geistige Behinderung, Chancengleichheit, Selbstständigkeit, autonomes Leben, Lebensqualität und Behinderung verschieden wahrgenommen und interpretiert (vgl. Bundesministerium für Arbeit, Gesundheit und Soziales, 1998: 44-45.) Diese Auffassungsunterschiede lassen sich auf spezifische nationale Ausrichtungen der Behindertenpolitik zurückzuführen. Eine wohlfahrtsstaatliche Programmatik einerseits, die behinderte Menschen aus der Perspektive einer Versorgungspolitik betrachtet und andererseits die Ausrichtung, welche integrative Maßnahmen fokussieren, um einer gesellschaftlichen und beruflichen Exklusion entgegenzuwirken, sind hier zu nennen.

Die unterschiedliche Unterstützungsbereitschaft nationaler Dachverbände lässt sich mit der 2007 durchgeführten Kampagne „1million4disabilty" empirisch belegen. Das EDF versuchte mit einer europäischen Unterschriftenkampagne einen Akt gesamteuropäischer Solidarität zu setzen. Die Beteiligung der Behindertenverbände an der Unterschriftenaktion weist große nationale Unterschiede auf. Vor allem Behindertenverbände westeuropäischer Staaten konnten wenig Unterschriften sammeln (mit Ausnahme Italiens), wohingegen osteuropäische Verbände im Spitzenfeld vertreten waren. Daraus lässt sich schließen, dass Staaten mit schwächer ausgeprägter nationaler Behindertengesetzgebung in einem größeren Maße europäische Initiativen unterstützen. Vor allem, wenn europäische Regelungen Verschlechterungen für die nationale Position bedeuten, lässt sich erwarten, dass die Unterstützung und Mobilisierung nationaler Dachverbände erschwert werden.

Außerdem ist die Unterstützungsbereitschaft vor dem Hintergrund der nationalen Einbindung von Behindertendachverbänden in Entscheidungsprozesse anzuführen. Hierbei ist deren finanzielle Abhängigkeit von öffentlichen Administrationen hervorzuheben. So ist davon auszugehen, dass beide Aspekte massiven Einfluss auf die inhaltlich-strategische Positionen der Behindertendachverbände haben und in Anlehnung nationalstaatlicher programmatischer Ausrichtungen zu betrachten sind. Obwohl kleinere Verbände eine größere Konfrontationsbereitschaft zeigen, um ihre Rechte einzufordern und diese notfalls auch auf rechtlichem Wege einzuklagen (vgl. Alter, 2000: 498) sind diese Organisationen im besten Fall über eine europäische NRO im EDF vertreten. So wird die ÖAR als Dachverband seitens der nationalen Administration als Ansprechpartner anerkannt und deshalb auch in politische Prozesse eingebunden. Etwa stellte das österreichische Bundesministerium für Arbeit und Soziales eine Verbindung zwischen der ÖAR und dem im HELIOS II eingerichteten EDF (noch mit Beratungsfunktion der Europäischen Kommission) her. Ferner wurde die ÖAR mit der Einrichtung eines eigenen EU-Büros beauftragt (vgl. Bundesministerium für Arbeit, Gesundheit und Soziales, 1998: 23-24). Es finden sich andere Organisationen, welche wiederum Einrichtungen wie die ÖAR und deren Vertretungslegitimation in Frage stellen (vgl. Mabbett, 2005: 114; Interview: Dorothea Brozek).

Abschließend lässt sich festhalten, dass sich das EDF im Spannungsfeld zwischen den Anforderungen des europäischen Entscheidungsprozesses und den Erwartungshaltungen seiner Mitglieder, die an nationale Gegebenheiten gekoppelt sind befindet. Die strategische Ausrichtung des EDF sollte eine Balance zwischen diesen beiden Polen erfüllen. Denn ein Ungleichgewicht würde negative Auswirkungen bezüglich seinem Zugang zu europäischen Entscheidungszentren haben, wohingegen die unzureichende Unterstützung seiner Mitglieder zu Einbußen seiner Legitimität führen würde. In dieser Forschungsarbeit treten Ähnlichkeiten hinsichtlich der Entstehung, der öffentlichen Unterstützungspraxis, der Einbindung in politische Prozesse, dessen Expertenstatus, Personalumfang und der internen Organisationsstruktur des EDF mit nationalen Behindertenverbänden hervor. Konkret zeigen sich Überschneidungen in organisatorischer, personeller und finanzieller Hinsicht zwischen dem EDF und dem österreichischen Behindertendachverband (ÖAR). So stellt sich die Frage, ob der Aspekt der Europäisierung nationaler Organisationsstrukturen stärker zu fokussieren ist. Ferner wäre in folgenden Forschungsarbeiten ein Vergleich nationaler behindertenspezifischer Organisationsstrukturen, deren Bezug auf kulturelle, nationale oder regionalspezifische Kennzeichen im Verständnis von Behinderung, interessensspezifische Pfadabhängigkeiten, die Dominanz von BehindertenvertreterInnen aufgrund des von ihnen vertretenen Interesses sowie Übereinstimmungen und Konflikte zwischen VertreterInnen europäischer NRO's und nationalen Dachverbänden zu berücksichtigen.

Literaturverzeichnis

Alemann, Ulrich von (2000): Vom Korporatismus zum Lobbyismus/Die Zukunft der Verbände zwischen Globalisierung, Europäisierung und Berlinisierung. http://www.bpb.de/publikationen/G5AS3B.html (04. Dezember 2008).

Alter, Karen 2000: The European Union's Legal System and Domestic Policy/Spillover or Backlash?, in: International Organization, 54:3, S. 489–518.

Bache, Ian/George, Bache (2006²): Politics in the European Union, Oxford/New York.

Baker, Mike (1992): Voluntary Group lobbying in the EC/A case study in animal testing of cosmetics, in: European Access 4, 8-9.

Barber, Benjamin (1994): Starke Demokratie, deutsche Fassung, Bauer, Martin/Hallscheuer, Otto (Hrsg.), Hamburg.

Barnes, Colin (1991): Disabled People in Britain and Discrimination, London.

Barnes, Colin/Mercer Geof (Hrsg.) (2004): Disability, Cambridge.

Barton, Len/Oliver, Mike (Hrsg.) (1997): Disability Studies/Past Present and Future, Leeds.

Beck, Wolfgang/ Maesen, Laurent van der/Walker, Alan (Hrsg.): The Social Quality of Europe, Den Haag, S. 289-297.

Bell, Mark (2000): Equality and Diversity/Anti-discrimination Law after Amsterdam, in: Shaw, Jo (Hrsg.): Social Law and Policy in an Evolving European Union, Portland.

Bentley, Arthur F. (1968) : The process of government, Cambridge.

Bizeps (2008a): Bundesbehindertengleichstellungsgesetz.http://www.bizeps.or.at/gleichstellung/rechte/bgstg.php (16. April 2008).

Bloemers, Wolf (2004): Ethik und soziale Gerechtigkeit in Bezug auf Behinderung, in: Bloemers, Wolf/Wisch, Fritz-Helmut (Hrsg.): Behinderte Menschen aus europäischen Blickwinkeln, Frankfurt am Main u.a., S. 130-156.

Bloemers, Wolf / Wisch, Fritz-Helmut, Hrsg. (2004): Behinderte Menschen aus europäischen Blickwinkeln, Frankfurt am Main u.a..

Boldersen, Helen/Mabbett, Deborah/Hvinden, Bjorn (2002): Definition des Begriffs „Behinderung" in Europa/Eine vergleichende Analyse, Studie der Universität Brunel im Auftrag der Europäischen Kommission. http://ec.europa.eu/employment_social/index/complete_report_de.pdf (01. Mai. 2008).

Börzel, Tanja A. (1997): What's So Special About Policy Networks?/An Exploration of the Concept and Its Usefulness in Studying European Governance, in : European Integration online Papers (EIoP), 1:16. http://eiop.or.at/eiop/texte/1997-009a.htm (20.Oktober 2007).

Bouwen, Pieter (2005): Zugangslogik der Europäischen Union/Der Fall des Europäischen Parlaments, in: Eising, Rainer/Kohler-Koch, Beate (Hrsg.): Interessenpolitik in Europa, Baden-Baden, S. 95-122.

Braun, Eberhard u.a. (1996[5]): Politische Philosophie/Ein Lesebuch, Hamburg.

Brockhaus-Enzyklopädie in 24 Bänden (1990[19]), Mannheim.

Buholzer, René P. (1998): Legislatives Lobbying in der Europäischen Union/Ein Konzept für Interessengruppen, Bern/Stuttgart/Wien.

Bundesministerium für Arbeit, Gesundheit und Soziales (Hrsg.) (1998): Das Behindertenprogramm HELIOS II und seine Auswirkungen, Wien.

Bundesministerium für Soziales und Konsumentenschutz (2002): Österreichisches Arbeitsprogramm zum Europäischen Jahr der Menschen mit Behinderungen 2003.
http://www.bmsk.gv.at/cms/site/attachments/5/3/2/CH0055/CMS1057914735913/arbeitsprogramm.pdf (28.März 2008).

Bundesministerium für Soziales und Konsumentenschutz (2005): Bericht über das Europäische Jahr der Menschen mit Behinderungen 2003 in Österreich.
Online
http://www.bmsk.gv.at/cms/site/detail.htm?channel=CH0359&doc=CMS1118820251034 (letzter Zugriff: 28.März 2008).

Bundesministerium für Verkehr, Innovation und Technologie (2008): Die Europäische Verkehrsministerkonferenz (CEMT).
http://www.bmvit.gv.at/verkehr/international_eu/zusammenarbeit/cemt.html (2008).

Bundesministerium für Soziales und Konsumentenschutz (2008): Bericht der Bundesregierung über die Lage von Menschen mit Behinderung in Österreich 2008, Entwurf, Wien.
http://www.bmsk.gv.at/cms/site/attachments/7/1/3/CH0009/CMS1223469809237/bb08_begutachtentw_08-10-08.pdf (11. Dezember 2008).

Bury, Mike (2000): A Comment on the ICIDH2, in: Disability and Society, 15:7, S. 1073-1077.

Chabera, Bernhard (2003): Die Einflussnahme nichtstaatlicher Akteure auf die Entscheidungsprozesse der EU, Diplomarbeit, Universität Wien.

Christph, Franz (1990): Tödlicher Zeitgeist/Notwehr gegen Euthanasie, Köln.

Clasen, Jochen (Hrsg.) (1999): Comparative Social Policy/Concepts, Theories and Methods, Oxford.

Corker, Mairian (2002): Deafness/Disability – problematising notions of identity, culture and structure, in: Ridell, Sheila/Watson, Nick (Hrsg.): Disability, Culture and Identity, London.
http://www.leeds.ac.uk/disabilitystudies/archiveuk/Corker/Deafness.pdf (16. April 2008).
Cornes, Paul/Hunter, John (1985): Work, Disability and Rehabilitation in Perspective, in: diesel. (Hrsg.): Work, Disability and Rehabilitation and Employment of People with Disability, Präsentation im Rahmen der Europäischen Forschungskonferenz zu Rehabilitation (von 6-8. April 1983) in Edinburgh, Universität Michigan, East Lansing, S. 140-159.
Cornes, Paul/Hunter, John (Hrsg.) (1985): Work, Disability and Rehabilitation and Employment of People with Disability, Präsentation im Rahmen der Europäischen Forschungskonferenz zu Rehabilitation (von 6-8. April 1983) in Edinburgh, Universität Michigan, East Lansing.
Croxen, Mary (1985): Employment and Disability/A European Perspective, in: Cornes, Paul/Hunter, John (Hrsg.): Work, Disability and Rehabilitation and Employment of People with Disability, Präsentation im Rahmen der Europäischen Forschungskonferenz zu Rehabilitation (von 6-8. April 1983) in Edinburgh, Universität Michigan, East Lansing, S. 43-49.
Czada, Roland (1992): Korporatismus, in: Schmidt, Manfred G.(Hrsg.): Die westlichen Länder, Band 3, in: Nohlen, Dieter (Hrsg.), Lexikon der Politik, München, S. 218-223.
Dahl, Robert A. (1965^6): Who Governs?/Democracy and Power in an American City, New Haven/London.
Degener, Theresia/Quinn, Gerard (ohne Zeitangabe): A Survey of International, Comparative and Regional Disability Law Reform, Washington. http://www.nuigalway.ie/law/Common%20Files/Disability%20Research %20Unit/GQ/Degener%20-%20Quinn%20paper.pdf (13. Oktober 2008).
Disability Studies (2008): Disability Studies in Deutschland, Bildungs- und Forschungsinstitut zum selbstbestimmten Leben Behinderter (bifos), Kassel. http://www.disability-studies-deutschland.de/index.php (April 2008).
Dupré, Didier/Karjalainen, Antti (2003): Bevölkerung und soziale Bedingungen, in: Eurostat: Statistik kurz gefasst, Thema 3, 26/2003, Luxemburg. http://epp.eurostat.ec.europa.eu/cache/ITY_OFFPUB/KS-NK-03-026/DE/KS-NK-03-026-DE.PDF, (18. Juni 2008).
ECMT (2003): Access and Inclusion Award for Transport Services and Infrastructure, Presseaussendung. http://www.internationaltransportforum.org/europe/ecmt/accessibility/pdf/ 03ECMT-EDF.pdf#search=%22edf%22 (24. Oktober 2008).

Eisfeld, Rainer (2004²): Pluralismus/Pluralismustheorien, in: Nohlen, Dieter/Schultze, Rainer-Olaf (Hrsg.): Lexikon der Politikwissenschaft, Band 2, München, 661-665.
Eising, Rainer/Kohler-Koch, Beate (2005): Interessenspolitik im europäischen Mehrebenensystem, in: dies. (Hrsg.): Interessenspolitik in Europa, Baden-Baden, S. 11-75.
Eurobarometer 54.2 (2001): Europäer und das Thema Behinderung. http://ec.europa.eu/public_opinion/archives/ebs/ebs_149_de.pdf (02. Dezember 2008).
Europäische Kommission (1972): La communauté européenne et les handicapes, 24. Jänner 1972, Brüssel. http://aei.pitt.edu/7721/ (02. Mai 2008).
Europäische Kommission (1980): The European Community and the handicapped, European File 8/80, Mai 1980. http://aei.pitt.edu/4596/_(1. Mai 2008).
Europäische Kommission (1981): The Social Integration of Disabled People/A Framework for the Development of Community Action, COM(81) 633 final, 29. Oktober 1981. http://aei.pitt.edu/5057/_(22. Febr. 2008).
Europäische Kommission (1986): Employment of Disabled People in the European Community, KOM(86)0009, endg, 21. Jänner 1986. http://eurlex.europa.eu/Notice.do?pos=4&hwords=employment%7E&page=1&lang=en&pgs=10&nbl=12&list=126184:cs,126183:cs,125910:cs,125531:cs,115855:cs,118133:cs,118130:cs,118127:cs,115682:cs,108604:cs (22.Febr. 2008).
Europäische Kommission (1991): Vorschlag für eine Richtlinie des Rates über Mindestvorschriften zur Verbesserung der Mobilität und sicheren Beförderung von in ihrer Bewegungsfreiheit Beeinträchtigten Arbeitnehmern auf dem Weg zum Arbeitsplatz, COM(90)588 final, 11. Februar 1991.http://eurlex.europa.eu/Notice.do?val=174921:cs&lang=en&list=174921:cs,&pos=1&page=1&nbl=1&pgs=10&hwords= (29.Febr. 2008).
Europäische Kommission (1992): Report by the Commission to the European Parliament and the Council on the Implementation and Results of the HELIOS Programme (1988-1991), SEC (92)1206final, 6. Juli 1992. http://aei.pitt.edu/5814/ (02. Dezember 2008).
Europäische Kommission (1996): Communication of the Commission on equality of opportunity for people with disabilities/A New European Community Disability Strategy COM (96)406 final, 30. Juli 1996. http://ec.europa.eu/employment_social/news/2001/jul/1996406_en.html (02. Dezember 2008).
Europäische Kommission (1997): Beschäftigung und Integration von Menschen mit Behinderungen/Bericht über die Sondersitzung der Gruppe

hochrangiger, für Behindertenfragen zuständiger Vertreter, 15. Oktober 1997, Brüssel. http://ec.europa.eu/employment_social/disability/disable_de.pdf, (14. März 2008).

Europäische Kommission (1998a), Commission Staff Working Paper/Raising Employment Levels of People with Disabilities the Common Challenge, SEC(1998)1550, 22. September 1998. http://ec.europa.eu/prelex/liste_resultats.cfm?PCP=301&CL=en&ReqId=0&Domain1=1200# (10. März 2008).

Europäische Kommission (1998b): Report from the Commission to the Council, the European Parliament, the Economic and Social Committee and the Committee of the Regions on the evaluation of the Third Community Action Programme to assist disabled people (HELIOS II) 1993-1996, COM (98) 15 final, 20. Jänner 1998. http://aei.pitt.edu/3416/ (19. Juni 2008).

Europäische Kommission (2000a): Communication from the Commission to the Council, the European Parliament, the Economic and Social Committee and the Committee of the Regions/ Towards a barrier free Europe for people with disabilities, COM(2000)0284 final, 12. Mai 2000. http://eurlex.europa.eu/Notice.do?val=240974:cs&lang=en&list=250159:cs,249746:cs,240974:cs,&pos=3&page=1&nbl=3&pgs=10&hwords=Communication%20from%20the%20Commission~2000~barrier~(25. März 2008).

Europäische Kommission (2000b): Status der Grundrechtscharta der Europäischen Union, KOM(2000)0644 endg., 11. Oktober 2000. http://eurlex.europa.eu/Notice.do?val=241071:cs&lang=de&list=336556:cs,253940:cs,241071:cs,241044:cs,243098:cs,&pos=3&page=1&nbl=5&pgs=10&hwords=grundrechtscharta~ (01. April 2008).

Europäische Kommission (2001a): Europäisches Regieren/Ein Weißbuch, KOM(2001) 428 endg., 25. Juli. 2001. http://eurlex.europa.eu/Notice.do?val=356765:cs&lang=de&list=356952:cs,356934:cs,356844:cs,356765:cs,261014:cs,356564:cs,260653:cs,260573:cs,260490:cs,414651:cs,&pos=4&page=2&nbl=30&pgs=10&hwords=KOM(2001)%20428%20endg%C3%BCltig.~25.%20Juli%20200 (14. April 2008).

Europäische Kommission (2001b): Vorschlag für einen Beschluss des Rates über das Europäische Jahr der Menschen mit Behinderungen 2003, KOM(2001) 271 endg., 29. Mai 2001. http://ec.europa.eu/employment_social/socprot/disable/com271/com_de.pdf (28. März 2008).

Europäische Kommission (2003): Chancengleichheit für Menschen mit Behinderungen/Ein Europäischer Aktionsplan, KOM(2003)0650 endg., 30.Oktober 2003. http://eurlex.europa.eu/smartapi/cgi/sga_doc?smartapi!celexplus!prod!Do

cNumber&lg=de&type_doc=COMfinal&an_doc=2003&nu_doc=650_(29. März 2008).
Europäische Kommission (2004): Evaluation of the European Year of People with Disabilities. http://ec.europa.eu/employment_social/disability/ evaluation_eypd_en.pdf (28.März 2008).
Europäische Kommission (2005a): Mitteilung der Kommission an den Rat, das Europäische Parlament, den europäischen Wirtschafts- und Sozialausschuss und den Ausschuss der Regionen/Situation behinderter Menschen in der erweiterten Europäischen Union, KOM (2005) 604 endg., 28. November^2005.
http://eurlex.europa.eu/smartapi/cgi/sga_doc?smartapi!celexplus!prod!Do cNumber&lg=de&type_doc=COMfinal&an_doc=2005&nu_doc=604 (29. März 2008).
Europäische Kommission (2005b): Proposal for a Regulation of the European Parliament and of the Council concerning the rights of persons with reduced mobility travellung by air, COM(2005) 47 final, Brüssel.
Europäische Kommission (2007): Men and Women with Disabilities in the EU/Statistical Analysis of the LFS Ad Hoc Module and the EU-SILC. http://ec.europa.eu/employment_social/index/lfs_silc_analysis_on_disabil ities_en.pdf (02. Dezember 2008).
Europäische Kommission (2008a): The High Level Group on Disability. http://ec.europa.eu/employment_social/soc-prot/disable/hlg_en.htm (24.Oktober 2008).
Europäische Kommission (2008b): Glossar Inforegio Deutsch. http://ec.europa.eu/regional_policy/glossary/glos6_de.htm#strufond (24. Oktober 2008).
Europäische Kommission (2008c): Commission's lobby register. http://ec.europa.eu/civil_society/index_en.htm (07. Jänner 2008).
Europäische Sozialpartner (2003): Erklärung zur Beschäftigung von Arbeitnehmern mit Behinderungen, 20. Jänner 2003. http://ec.europa.eu/ employment_social/social_dialogue/docs_de.htm_(21. März 2008).
Europäisches Parlament (2001): Disabled persons, the elderly and the excluded, 17. Oktober 2001. http://www.europarl.europa.eu/ factsheets/4_8_8_en.htm (29. Febr. 2008).
Europäisches Parlament (2007): Fraktionsübergreifendes Engagement: die „Intergroups" der Europa-Abgeordneten. http://www.europarl.europa.eu /news/public/story_page/008-4260-078-03-12-901-20070314STO04219- 2007-19-03-2007/default_de.htm (18.November 2007).

Europäische Union (2008): Sozialpolitische Maßnahmen zugunsten bestimmter Zielgruppen/Behinderung und Alter. http://europa.eu/scadplus/leg/de/s02311.htm (07. Jänner 2009).

Eurostat (2001): Disability and social participation in Europe, Luxemburg. http://www.eds-destatis.de/downloads/publ/en3_disability.pdf (02. Dezember 2008).

Eurostat (2003a): Pressemitteilung/Abschlussveranstaltung zum Europäischen Jahr der Menschen mit Behinderungen, 142/2003, Luxemburg. http://ec.europa.eu/employment_social/health_safety/docs/ceremony_de.pdf (13. Juni 2008).

Falkner, Gerda (1998): EU Social Policy in the 1990s/Towards a corporatist policy community, New York.

Falkner, Gerda u.a. (2005): Complying with Europe/EU Harmonisation and Soft Law in the Member States, Cambridge.

Finkelstein, Vic (1980): Attitudes, and Disabled People/Issues for Discussion, World Rehabilitation Fund, New York.

Firlinger, Beate (2003), Hrsg.: Buch der Begriffe/Sprache – Behinderung – Integration, Wien.

Fleischer, Doris/Frieda, Zames (2001): The Disability Rights Movement/From Charity to Confrontation, Philadelphia.

Galehr, Christiane (2005): Darstellungen von Behinderung in der Tagespresse, Diplomarbeit, Universität Innsbruck. http://bidok.uibk.ac.at/library/galehr-medien-dipl.html#id3374342 (08. März 2008).

GD Beschäftigung und soziale Angelegenheiten (2004): Evaluation of the European Year of People with Disabilities. http://ec.europa.eu/employment_social/disability/evaluation_eypd_en.pdf (28.März 2008).

GD Gesundheit und Verbraucherschutz (2008): Europäisches Gesundheitsforum. http://ec.europa.eu/health/ph_overview/health_forum/health_forum_de.htm (letzter Zugriff: 24. Oktober 2008).

Grant, Wyn (1993): Pressure Groups and the European Community/An Overview, in: Mazey, Sonja/Richardson, Jeremy: Lobbying in the European Community, Oxford/New York/Toronto, S. 27-46.

Greenwood, Justin (1997): Representing Interests in the European Union, London.

Greenwood, Justin (2003): Interest Representation in the European Union, New York.

Haas, Ernst B. (1958): The Uniting of Europe: Political, Social and Economic Forces 1950-1957, London.

Harenberg, Bodo (Hrsg.) (2002^2): Harenberg Lexikon der Sprichwörter & Zitate, Dortmund.

Harlan, Hahn: Toward a Politics of Disability/Definitions, Disciplines, and Policies, Universität Southern Carolina. http://www.independentliving.org/docs4/hahn2.html (13. Juni 2008).

Heinze, Rolf (1992): Behindertenpolitik, in: Schmidt, Manfred (Hrsg.): Die westlichen Länder, Band 3, in: Nohlen, Dieter: Lexikon der Politik, München, 54-59.

Hermes, Gisela (2003): Benachteiligungen im Alltag abbauen/Das Erfordernis zivilrechtlicher Gleichstellung. http://www.behinderte.de/ejmb2003/2003-hermes-benachteiligungen.htm (12. Juni 2008).

Hvinden, Bjorn (2004): How to Get Employers to Take on Greater Responsibility for the Inclusion of Disabled People in Working Life?, in: Marin, Bernd/Prinz, Christopher/Queisser, Monica (Hrsg.): Transforming Disability Welfare Policies/Towards Work and Equal Opportunities, Ashgate, S. 333-340.

Hvinden, Bjorn/Halvorsen Rune (2003): Which way for European policy?, in: Scandinavian Journal of Disability Research, 5:3, S. 296-312.

James, William, 1908 (dt. Übersetzung): Der Pragmatismus: ein neuer Name für alte Denkmethoden, Leipzig.

Johnston, David (2004): Interventionstheorien und sozialer Wandel in Bezug auf Behinderungen, in: Bloemers, Wolf/Wisch, Fritz-Helmut (Hrsg.): Behinderte Menschen aus europäischen Blickwinkeln, Frankfurt am Main u.a., S. 157-177.

Jordan, Grant (1990): The Pluralism of Pluralism/An Anti-Theory?, in: Political Studies, 38:2, 286-301.

Kleinsteuber, Hans J. (20042): Öffentliche Meinung, in: Nohlen, Dieter/Schultze, Rainer-Olaf (Hrsg.): Lexikon der Politikwissenschaft, Band 2, München,: 600-601.

Kohler-Koch, Beate (1997): Organized Interests in the EC and the European Parliament, in: European Integration online Papers (EIoP). http://eiop.or.at/eiop/texte/1997-009a.htm (20. Juni.2008).

Lahusen, Christian/Jauß, Claudia (2001): Lobbying als Beruf/Interessensgruppen in der Europäischen Union, Baden-Baden.

Leibfried, Stephan/Pierson, Paul (2001) (deutsche Übersetzung): Mehreben-Politik und die Entwicklung eines „Sozialen Europas", in: dieselb. (Hrsg.): Standort Europa/Sozialpolitik zwischen Nationalstaat und Europäischer Integration, Frankfurt am Main, S. 11-57.

Mabbett, Deborah (2004): Transforming Disability into Ability/A commentary based on recent European research, in: Marin, Bernd/Prinz, Christopher/Queisser, Monica (Hrsg.): Transforming Disability Welfare Policies/Towards Work and Equal Opportunities, Ashgate. http://www.bbk. ac.uk/polsoc/staff/academic/deborah-mabbett (04. Dezember 2008).

Mabbett, Deborah (2005): The Development of Rights-based Social Policy in the European Union/The Exemple of Disability Rights, in: Journal of Common Market Studies (JMCS), 43:1, S. 97-120. http://www.bbk. ac.uk/polsoc/staff/academic/deborah-mabbett, (04. Dezember 2008).

Mabbett, Doborah/Bolderson, Helen (1999): Theories and methods in comparative social policy, in: Clasen, Jochen (Hrsg.): Comparative Social Policy/Concepts, Theories and Methods, Oxford, 1999. http://www.bbk.ac.uk/polsoc/staff/academic/deborah-mabbett (04. Dezember 2008).

Marin, Bernd/Prinz, Christopher/Queisser, Monica (2004), Hrsg.: Transforming Disability Welfare Policies/Towards Work and Equal Opportunities, Ashgate.

Marks, Gary/McAdam, Doug (1996): Social Movements and the Changing Structure of Political Opportunity in the European Union, West European Politics, 19:2, S. 249-278.

Marks, Gary/Scharpf, Fritz/Schmitter, Philippe/Streeck, Wolfgang: Governance in the European Union, London.

Michalowitz, Irina (2004): EU-Lobbying – Principals, Agents and Targets/Strategic interest intermediation in EU policy-making, Münster.

Moravcsik, Andrew (1993): Preferences and Power in the European Community/A Liberal Intergouvernementalist Approach, in: Journal of Common Market Studies (JMCS), 31:4, S. 473-524.

Morris, Jenny (1991): Pride against Prejudice/Transforming Attitudes to Disability, London.

Müller, Wolfgang C. (1997^3): Das Regierungssystem – politische Institutionen, in: Dachs, Herbert u.a. (Hrsg.): Handbuch des politischen Systems Österreichs/Die zweite Republik, Wien, S. 71-83.

Munoz-Machado, Santiago/De Lorenzo, Rafael (1997): Documento de Reflexion ara La Formulacion De Una Politica Social De La Union Europea En Materia De Minusv Alias, Madrid, deutschsprachiger Teil, S. 175-255.

Naue, Ursula (2006): Governing Disability in Austria/Reflections on a Changing Political Field, in: Disability Studies Quarterly, 26:2, Frühjahr. http://www.dsq-sds-archives.org/_articles_html/2006/spring/naue.asp (5. Dezember 2008).

Netzwerkartikel 3 (2006): Einfach Europa?! Einführung in die europäische und internationale Behindertenpolitik, Berlin. http://www.netzwerk-artikel -3.de/aktuel.php (15. Mai 2008).

Nohlen, Dieter/Schultze, Rainer-Olaf (2004²), Hrsg.: Lexikon der Politikwissenschaft, Band 1 und 2, München.
Nohlen, Dieter u.a. (1998): Politische Begriffe, Pluralismus, S. 482-484; Korporatismus, S. 334-335, Band 7, in: Nohlen, Dieter (Hrsg.): Lexikon der Politik, München.
Nugent, Neill (1999⁴): The Governement and Politics of the European Union, Basingstoke.
ÖAR (2008).http://www.oear.or.at/ (29.Oktober 2008).
OECD, (2003): Behindertenpolitik zwischen Beschäftigung und Versorgung/Ein internationaler Vergleich, in: Marin, Bernd: Wohlfahrtspolitik und Sozialforschung, Band 12, Wien.
Oliver, Mike (1990): The Politics of Disablement, London.
Olson, Mancure (1965): The logic of collective action public goods and the theory of groups, Cambridge.
Olson, Mancure (1968): Die Logik kollektiven Handelns/Kollektivgüter und die Theorie der Gruppen, Tübingen, deutsche Übersetzung von: Olson, Mancure (1965): The logic of collective action/public goods and the theory of groups, Cambridge.
Pappi, Franz Urban (2004²): Werte, in: Nohlen, Dieter/Schultze, Rainer-Olaf (Hrsg.) (2004²): Lexikon der Politikwissenschaft, Band 1, München, S. 110.
Platform of European Social NGO's (2008): Welcome. http://www.socialplatform.org/ (15. Jänner 2009).
Pollach, Stefan (2005): Die Offene Methode der Koordinierung zur sozialen Eingliederung und ihre Anwendung in Österreich, Diplomarbeit, Universität Wien.
Pollak, Johannes (2006): Das politische System der EU, Wien
Portal der Europäischen Union: Dokumente (2007). http://europa.eu/documents/comm/index_de.htm (18.11.07).
Prechtl, Peter/Burkhard, Franz-Peter (1996), Hrsg.: Metzler Philosophie Lexikon/Begriffe und Definitionen, Stuttgart/Weimar.
Pristley, Mark (2003): Worum geht es in den Disability Studies, in: Waldschmidt, Anne (Hrsg.): Kulturwissenschaftliche Perspektiven der Disability Studies/Tagungsdokumentation, Kassel, S. 23-36.
Puschke, Marina (2005): Die Internationale Klassifikation von Behinderung der Weltgesundheitsorganisation, in: WeiberZEIT: Zeitung des Projektes Politische Interessenvertretung behinderter Frauen, 07. April, S. 4-5. http://bidok.uibk.ac.at/library/wzs-7-05-puschke-klassifikation.html (19. April 2008).

Quinn, Gerard (1999): The Human Rights of People with Disabilities under EU Law, in: Alston, Philip. (Hrsg.): The EU and Human Rights, Oxford.
Richardson, Jeremy (2001[2]): Polcy-making in the EU/Interests, ideas and garbage cans of primeval soup, in: ders. (Hrsg.): European Union, London/New York, S. 3-26.
Richardson, John J./Jordan, Grant (1985[4]): Governing under Pressure/The Policy Process in a Post-Parlimentary Democracy, Oxford/New York.
Riess, Erwin/Petra, Flieger (2000): Wege zur Beseitigung von Diskriminierungen behinderter Menschen, Studie gefördert von der österreichischen Bundesregierung. http://bidok.uibk.ac.at/library/flieger_riess-diskriminierung. html (06. Oktober 2008).
Room, Graham (1997): Social Quality in Europe/Perspectives on Social Exclusion, in: Beck, Wolfgang/van der Maesen, Laurent/Walker, Alan (Hrsg.): The Social Quality of Europe, Den Haag, S. 289-297.
Saal, Fredi (1992): Warum sollte ich jemand anderes sein wollen?, Gütersloh.
Sandtholz, Wayne/Stone, Sweet (1997): European Integration and Supranational Governance, in: Journal of European Public Policy, 4, S. 297-317.
Schäfer, Armin (2004): Beyond the Community Method: Why the Open Method of Coordination was introduced to EU Policy-making, European Integration online Papers (EIOP), 8:13. http://eiop.or.at/eiop/texte/ 2004-013.htm (02. Dezember 2008).
Schendelen, Marius P.C.M. van (2002): Macciavelli in Brussels/The Art of Lobbying the EU, Amsterdam.
Schendelen, Marius P.C.M. van (1993), Hrsg.: National Public and Private EC Lobbying, Aldershot u.a..
Schiller, Theo (1995): Politische Soziologie, in: Mohr, Arno (Hrsg.): Grundzüge der Politikwissenschaft, München/Wien, S. 413-485.
Schley, Nicole u.a. (2004): Knaurs Handbuch EUROPA/Daten-Länder-Perspektiven, München.
Schlöndorff, Leo (2007): Disability Studies in der Krise, 20. März 2007. http://www.behindertenarbeit.at/TCgi/bha/TCgi.cgi?target=home&p_kat= 6&P_TY=NY_&ID_News=723 (25. April 2008).
Schmidbauer, Barbara (1998): Europäische Politik für und mit behinderten Menschen, in: Bundesministerium für Arbeit, Gesundheit und Soziales, September 1998 (Hrsg): Tagungsbericht zur Konferenz von Menschen mit Behinderung, Wien, S. 55-61.
Schmitter, Philippe C. (1979): Still the Century of Corporatism, in: Schmitter, Philippe C./Lehmbruch, Gerhard: Trends Toward Corporatist Intermediation, Beverly Hills/London, S. 7-52.

Schultze, Rainer-Olaf (2004): Autorität, in: Nohlen, Dieter/Schultze, Rainer-Olaf (2004), Hrsg.: Lexikon der Politikwissenschaft, Band 2, München, S. 58.

Schumann, Wolfgang (1996): Politisches System der Europäischen Gemeinschaft, in: Kohler-Koch, Beate/Woyke, Wichard (Hrsg.): Die Europäische Union, Band 5, in: Nohlen, Dieter (Hrsg.): Lexikon der Politik, München, S. 219-226.

Shaekespeare, Tom (1997): Cultural representation of disabel people/Dustbins of disavowal, in: Barton, Len/Oliver, Mike (Hrsg.): Disability Studies/Past Present and Future, Leeds, S. 217-233. http://www.leeds.ac.uk/disability-studies/archiveuk/Shakespeare/chapter 13.pdf (16. April 2008).

Shaw, Jo (Hrsg.) (2000): Social Law and Policy in an Evolving European Union, Portland.

Shima, Isilda/Zólyomi, Eszter/Zaidi, Asghar (2008) :The Labour Market Situation of People with Disabilities in EU25, Europäisches Zentrum, Policy-Brief Februar (1). http://www.euro.centre.org/data/1201610451 _25081.pdf (14. Juni 2008).

Smith, Martin J. (1990): Pluralism, Reformed Pluralism and Neopluralism/The Role of Pressure Groups in Policy-Making, in: Political Studies, 38:2, S. 302-322.

Speculum (2006): Zeitschrift für Gynäkologie und Geburtshilfe, 24:3. http://www.kup.at/kup/pdf/5963.pdf (15.Februar 2008).

Spiegel (2004): Ryanair wegen Rollstuhl-Gebühr verurteilt, 3. Jänner. http://www.spiegel.de/reise/aktuell/0,1518,284248,00.html (25. Oktober 2008).

Steffani, Winfried/Nuscheler, Franz (1972): Pluralismus. Konzeptionen und Kontroversen, Band 13, München.

Strasser, Hermann (2004): Gesellschaft, in: Nohlen, Dieter/Schultze, Rainer-Olaf (2004^2), Hrsg.: Lexikon der Politikwissenschaft, Band 2, München, S. 282-284.

Streeck, Wolfgang (1994): Staat und Verbände/Neue Fragen. Neue Antworten, in: ders. (Hrsg.): Staat und Verbände, Opladen, S. 7-36.

Streeck, Wolfgang (1996): Neo-Voluntarism: A New European Social Policy Regime?, in: Marks, Gary/Scharpf, Fritz/Schmitter, Philippe/Streeck, Wolfgang: Governance in the European Union, London.

Stroby-Jensen, Carsten (2007): Neofunctionalism, in: Cini, Michelle: European Union Politics, Oxford, S 85-98.

Thibaut, Bernhard (2004): Interessengruppen/Interessenverbände, in: Nohlen, Dieter/Schultze, Rainer-Olaf (2004²), Hrsg.: Lexikon der Politikwissenschaft, Band 1, München, S. 380.
Thomas, Carol (2002): Disability Theory/Key Ideas, Issues and Thinkers, in: Barnes, Colin u.a. (Hrsg.): Disability Studies Today, Cambridge, S. 38-57.
Truman, David (1951): The Govenmental Process/Political Interests and Public Opinion, New York.
UN (1983): Decade of Disabled People 1983-1992, World Programme of Action Concerning Disabled People, New York.
UN (1993): The Standard Rules on the Equalization of Opportunities, Resolution 48/96, annex, 20. December 1993. http://www.un.org/esa/socdev/enable/dissre00.htm (04. März 2008).
UN (2008a): History of Disability and the United Nations. http://www.un.org/disabilities/default.asp?navid=10&pid=121 (29. September 2008).
UN (2008b): Convention on the Rights of Persons with Disabilities. http://www.un.org/disabilities/default.asp?navid=12&pid=150 (29. September 2008).
Vertrag von Amsterdam (1997a): Änderung des Vertrags über die Europäische Union, der Verträge zur Gründung der Europäischen Gemeinschaften, Amtsblatt C 340, 10. November 1997. http://eurlex.europa.eu/de/treaties/dat/11997D/htm/11997D.html (05. März 2008).
Vertrag von Lissabon (2007), Vertrag von Lissabon zur Änderung des Vertrags über die Europäische Union und des Vertrags zur Gründung der Europäischen Gemeinschaft, unterzeichnet in Lissabon am 13. Dezember 2007, Amtsblatt C 306, 17. Dezember 2007. http://europa.eu/lisbon_treaty/index_de.htm (8. Oktober 2010).
Waddington, Lisa (2004): Implementing and Interpreting the Reasonable Accommodation Provision of the Framework Employment Directive/Learning from Experience and Achieving Best Practice, Brüssel. http://ec.europa.eu/employment_social/fundamental_rights/pdf/aneval/reasonaccom.pdf (15. April 2008).
Waddington, Lisa (2006): From Rome to Nice in a Wheelchair/The Development of a European Disability Policy, Gronigen.
Waddington, Lisa (2007): A New Era in Human Rights Protection in the European Community/The Implications the United Nations - Convention on the Rights of Persons with Disabilities for the European Community, Universität Maastricht. Online: http://www.unimaas.nl/default.asp?template=werkveld.htm&id=F60BL5P00MJO466V63M6&taal=nl (letzter Zugriff: 16. April 2008).

Waldschmidt, Anne (2003), Hrsg.: Kulturwissenschaftliche Perspektiven der Disability Studies/Tagungsdokumentation, Kassel.

Waldtschmidt, Anne (2003): „Behinderung" neu denken: Kulturwissenschaftliche Perspektiven der Disability Studies, in dies. (Hrsg.): Kulturwissenschaftliche Perspektiven der Disability Studies/Tagungsdokumentation, Kassel, 11-22.

Weiermair, Cäcilia (1995): Die Europäische Frauenlobby (EFL) im Entscheidungsprozess der EG, Diplomarbeit, Universität Wien.

Weiß, Norman (2006): Die neue UN-Konvention über die Rechte von Menschen mit Behinderungen – weitere Präzisierung des Menschenrechtsschutzes, in: Menschenrechtsmagazin (MRM), 3, S. 293-300. http://www.uni-potsdam.de/u/mrz/mrm/Behinderte.pdf (29.Oktober 2008).

Wendell, Susan (1996): The Rejected Body/Feminist Philosphical Reflections on Disability, New York.

WHO (2001): International classification of functioning, disability and health, WHA 54.21, Agenda Item 13.9, 22. Mai 2001. http://ftp.who.int/gb/archive/pdf_files/WHA54/ea54r21.pdf (17. März 2008).

WHO (2005): ICF/Internationale Klassifikation der Funktionsfähigkeit, Behinderung und Gesundheit, Genf, deutsche Fassung, herausgegeben vom Deutschen Institut für Medizinische Dokumentation und Information (DIMDI). http://www.dimdi.de/dynamic/de/klassi/downloadcenter/icf/endfassung/icf_endfassung-2005-10-01.pdf (15.März 2008).

WHO (ohne Zeitangabe): ICF Introduction. http://www.who.int/classifications/icf/site/intros/ICF-Eng-Intro.pdf, (15.März 2008).

Rechtsquellen

Belgisches Vereinsverzeichnis (2004) : Annexes du Moniteur belge, 10. November 2004, Brüssel.

Bundes-Behindertengleichstellungsgesetz (BGStG) (2005), Bundesgesetzblatt 82/2005. http://ris1.bka.gv.at/Appl/findbgbl.aspx?name=entwurf&format =pdf&docid=COO_2026_100_2_172059 (02. Dezember 2008).

Charta der Grundrechte der Europäischen Union (2007), Amtsblatt C 306, 14. Dezember 2007. http://eurlex.europa.eu/JOHtml.do?uri=OJ:C: 2007:303:SOM:DE:HTML (1. April 2008).

Rat der EG (1974): Entschließung des Rates vom 27. Juni 1974 über das erste gemeinschaftliche Aktionsprogramm zur beruflichen Rehabilitation von Behinderten Amtsblatt: C 080, 9. Juli 1974, S. 30-32. http://eurlex.europa.eu/LexUriServ/LexUriServ.do?uri=CELEX:31974Y0 709(01):DE:NOT (02. März 2008).

Rat der EG (1986), Empfehlung des Rates vom 24. Juli 1986 zur Beschäftigung von Behinderten in der Gemeinschaft, Amtsblatt: L 225, 12. August 1986, S. 43-47. http://eurlex.europa.eu/LexUriServ/LexUriServ.do?uri =CELEX:31986H0379:DE:HTML (29.Febr. 2008).

Rat der EG (1988): Council Decision of 18 April 1988 establishing a second Community action programme for disabled people (Helios), Amtsblatt L 104, 23. April 1988, S. 38-44. http://eurlex.europa.eu/Notice.do?val= 137975:cs&lang=en&list=137976:cs,137975:cs,146590:cs,146589:cs,146 588:cs,146587:cs,146586:cs,138754:cs,146585:cs,146584:cs,&pos=2&pa ge=1&nbl=19&pgs=10&hwords=-1991/Helios%20I/Bibligraphie.htm (26. Februar 2008).

Rat der EG (1990): Resolution of the Council and the Ministers for Education meeting within the Council of 31 May 1990 concerning integration of children and young people with disabilities into ordinary systems of education, Amtsblatt C 162, 3. Juli 1990, S. 2-3. http://eurlex.europa.eu/ Noti-ce.do?val=163295:cs&lang=de&list=163298:cs,163297:cs,163296:cs,163 295:cs,163217:cs,163214:cs,&pos=4&page=1&nbl=6&pgs=10&hwords= (25. März 2008).

Rat der EG (1991): Resolution of the Council and the representatives of the Governments of the Member States, meeting within the Council, of 16 December 1991 concerning a Community action programme on the accessibility of transport to persons with reduced mobility, Amtsblatt C 018, 24. Jänner 1992, S. 1. http://eurlex.europa.eu/LexUriServ/LexUriServ. do?uri=CELEX:41992X0124:EN:HTML (letzter Zugriff: 29.Febr. 2008).

Rat der EU (1993), Beschluß des Rates vom 25. Februar 1993 über ein drittes Aktionsprogramm der Gemeinschaft zugunsten der Behinderten (Helios II 1993-1996), Amtsblatt L 056, 9. März 1993, S. 30-36. http://eurlex.europa.eu/LexUriServ/LexUriServ.do?uri=CELEX:31993D0 136:DE:HTML (27. Februar 2008).

Rat der EU (1996a): Council Directive 96/48/EC of 23 July 1996 on the interoperability of the trans-European high-speed rail system, Amtsblatt L 235, 17. September 1996, S. 6-24. http://eurlex.europa.eu/Notice.do?val=344395:cs&lang=de&list=344397:cs,344396:cs,344395:cs,34494:cs, 344399:cs,&pos=3&page=1&nbl=5&pgs=10&hwords=_(21. März 2008).

Rat der EU (1996b): Entschließung des Rates und der im Rat vereinigten Vertreter der Regierungen der Mitgliedstaaten vom 20. Dezember 1996 zur Chancengleichheit für Behinderte, Amtsblatt C 01, 13. Jänner 1997, S. 1-2. http://ec.europa.eu/employment_social/socprot/disable/com406/res_de.htm (04. März 2008).

Rat der EU (1998): Council Recommendation of 4 June 1998 on a parking card for people with disabilities, Amtsblatt L 167, 12.Juni 1998, S. 25-28.http://eurlex.europa.eu/Notice.do?val=229754%3Acs&lang=de&list=4 66343%3Acs%2C229754%3Acs%2C&pos=2&page=1&nbl=2&pgs=10 &hwords=parking+card%7E (25. März 2008).

Rat der EU (1999): Entschließung des Rates vom 17. Juni 1999 betreffend gleiche Beschäftigungschancen für behinderte Menschen,_Amtsblatt C 186, 2. Juli 1999, S.3-4. http://eurlex.europa.eu/LexUriServ/LexUriServ.do? uri=CELEX:31999Y0702(01):DE:NOT (16. März 2008).

Rat der EU (2000a): Council Directive 2000/78/EC of 27 November 2000 establishing a general framework for equal treatment in employment and occupation, Amtsblatt L 303, 2. Dezember 2000, S. 16-22. http://eurlex.europa.eu/Notice.do?val=237068:cs&lang=de&list=257976: cs,237066:cs,236999:cs,237065:cs,237000:cs,237071:cs,237060:cs,23705 9:cs,237070:cs,237068:cs,&pos=10&page=1&nbl=135&pgs=10&hwords = (18. März 2008).

Rat der EU (2000b): Council Directive 2000/43/EC of 29 June 2000 implementing the principle of equal treatment between persons irrespective of racial or ethnic origin, Amtsblatt L 303, 2. Dezember 2000, S. 16-22.http://eurlex.europa.eu/Notice.do?val=236982:cs&lang=de&list=2369 91:cs,236988:cs,236973:cs,236987:cs,236963:cs,236982:cs,236968:cs,23 6985:cs,236962:cs,236966:cs,&pos=6&page=4&nbl=135&pgs=10&hwor ds_(19. März 2008).

Rat der EU (2001c): Council Decision of 3 December 2001 on the European Year of People with Disabilities 2003, Amtsblatt L 335, 19. Dezember

2001, S. 15-20. http://eurlex.europa.eu/Notice.do?val=261918:cs&lang=de&list=248877:cs,248876:cs,248875:cs,248874:cs,248873:cs,261918:cs, 261775:cs,261774:cs,261697:cs,&pos=6&page=1&nbl=9&pgs=10&hwords (29. März 2008).

Rat der EU (2001b): Directive 2001/85/EC of the European Parliament and of the Council of 20 November 2001 relating to special provisions for vehicles used for the carriage of passengers comprising more than eight seats in addition to the driver's seat, and amending Directives 70/156/EEC and 97/27/EC, Amtsblatt L 110, 20. April 2001, S. 1-27. http://eurlex.europa.eu/Notice.do?val=259228:cs&lang=de&list=259229: cs,259228:cs,&pos=2&page1&nbl=2&pgs=10&hwords= (21. März 2008).

Rat der EU (2001c): Richtlinie 2001/16/EG des Europäischen Parlaments und des Rates vom 19. März 2001 über die Interoperabilität des konventionellen transeuropäischen Eisenbahnsystems, Amtsblatt L 110, 20. April 2001, S. 1-27. http://eurlex.europa.eu/Notice.do?val=259228:cs&lang =de&list=259229:cs,259228:cs,&pos=2&page=1&nbl=2&pgs=10&hwords= (letzter Zugriff: 21. März 2008).

Rat der EU (2003a): Council resolution of 5 May 2003 on equal opportunities for pupils and students with disabilities in education and training, Amtsblatt C 134, 7. Juni 2003, S.6-7,http://eurlex.europa.eu/Notice.do? val=281026:cs&lang=de&list=281026:cs,281025:cs,&pos=1&page=1&nbl=2&pgs=10&hwords (25. März 2008).

Rat der EU (2003b): Council Resolution of 6 May 2003 on accessibility of cultural infrastructure and cultural activities for people with disabilities, Amtsblatt C 134, 7. Juni 2006, S. 7-8. http://eurlex.europa.eu/Notice.do? val=281027:cs&lang=de&list=281027:cs,284986:cs,280748:cs,&pos=1& page=1&nbl=3&pgs=10&hwords (25. März 2008).

Rat der EU (2003c): Council Resolution of 15 July 2003 on promoting the employment and social integration of people with disabilities, Amtsblatt C 175, 24. Juli 2003, S. 1-2.http://eurlex.europa.eu/Notice.do?val=281584: cs&lang=de&list=281585:cs,281584:cs,281578:cs,285669:cs,&pos=2&page=1&nbl=4&pgs=10&hwords (25. März 2008).

Rat der EU (2003d): Directive 2003/24/EC of the European Parliament and of the Council of 14 April 2003 amending Council Directive 98/18/EC on safety rules and standards for passenger ships, Amtsblatt L 123, 17. Mai 2003, S. 18-21. http://eurlex.europa.eu/Notice.do?val=284962:cs&lang= de&list=284963:cs,284962:cs,284928:cs,284873:cs,284759:cs,275446:cs, 275445:cs,273566:cs,261422:cs,259381:cs,&pos=2&page=2&nbl=20&pgs=10&hwords (21. März 2008).

Rat der EU (2003e): Council Resolution on 6 February 2003 "eAccessibility" — improving the access of people with disabilities to the knowledge based society, Amtsblatt C 039, 18. Februar 2003, S. 5-7. http://eurlex.europa.eu/Notice.do?val=279535:cs&lang=de&list=279535: cs,279534:cs,279533:cs,&pos=1&page=1&nbl=3&pgs=10&hwords_(25. März 2008).

Rat der EU (2004): Directive 2004/49/EC of the European Parliament and the Council of 29 April 2004 on safety on the Community's railways and amending Council Directive 95/18/EC on the licensing of railway undertakings and Directive 2001/14/EC on the allocation of railway infrastructure capacity and the levying of charges for the use of railway infrastructure and safety certification (Railway Safety Directive), Amtsblatt L 164, 30. April 2004, S. 44-113. http://eurlex.europa.eu/Notice.do?val=387160:cs&lang=de&list=387168:cs,387166:cs,387164:cs,387162:cs,387160:cs,343642:cs,343641:cs,387154:cs,387152:cs,387150:cs,&pos=5&page=1&nbl=32&pgs=10&hwords_(22. März 2008).

Rat der EU (2006a):Verordnung (EG) Nr. 1107/2006 des Europäischen Parlaments und des Rates vom 5. Juli 2006 über die Rechte von behinderten Flugreisenden und Flugreisenden mit eingeschränkter Mobilität (Text von Bedeutung für den EWR), Amtsblatt L 204, 26. Juli 2006, S. 1-9. http://eurlex.europa.eu/smartapi/cgi/sga_doc?smartapi!celexplus!prod!DocNumber&lg=de&type_doc=Regulation&an_doc=2006&nu_doc=1107 (23. März 2008).

Rat der EU (2006b): Council Regulation (EC) No 1083/2006 of 11 July 2006 laying down general provisions on the European Regional Development Fund, the European Social Fund and the Cohesion Fund and repealing Regulation (EC) No 1260/1999, Amtsblatt L 210, 31. Juli 2006,   S. 25-78. http://eurlex.europa.eu/LexUriServ/LexUriServ.do?uri=OJ:L:2006:210:0025:01:EN:HTML (17. Dezember 2008).

Richtsatzverordnung (1965), in: Kriegsopfer- und Behindertenverband, 1983 (Hrsg.): Richtsätze für die Minderung der Erwerbsfähigkeit (MdE) gemäß § 7 KOVG 1957, Wien.

Vertrag von Amsterdam (1997a): Änderung des Vertrags über die Europäische Union, der Verträge zur Gründung der Europäischen Gemeinschaften, Amtsblatt C 340, 10. November 1997. http://eurlex.europa.eu/de/treaties/dat/11997D/htm/11997D.html_(05. März 2008).

Veröffentlichungen des EDF

EDF (1996): The European Disability Forum/Strategy Document and Work Programme 1997, Brüssel.
EDF (1998a): Rapport annuel 1997, Brüssel.
EDF (1998b): Strategy document and work programme for 1998/1999, Brüssel.
EDF (1998c): Guide to the Amsterdam Treaty, Brüssel.
EDF (1998c): Work Programme 1999-2000, Brüssel.
EDF (1999): Annual Report 1998-99, Brüssel.
EDF (2000a): Work Programme 2000-2001, Brüssel.
EDF (2000b): Annual Report 1999-2000, Brüssel.
EDF (2001): Annual Report / April 2000-March 2001, Brüssel.
EDF (2002): Work Programme 2002-2003, Brüssel.
EDF (2003a): Work Programme 2003-2004, Brüssel.
EDF (2003b): Rapport annuel / Avril 2002- Avril 2003, Brüssel.
EDF (2004a): Strategic Work Plan 2004-2006, Brüssel.
EDF, (2004b): Réglement interieur du Forum des Personnes Handicappees, Brüssel.
EDF (2005a): Rapport Annuel 2004-2005, Brüssel.
EDF (2005b): EDF Membership in EU Bodies and Committees, Dokumentennummer: DOC-B-05-10-06, Brüssel.
EDF (2005c): EDF response to the Proposal for a Regulation concerning the Rights of persons with reduced mobility travelling by air, Brüssel
EDF, 2006a: European Disability Forum / Ten years of history. http://www.edf-feph.org/ (03. Juli 2006).
EDF (2006c): Rapport Annuel 2005-2006, Brüssel.
EDF (2006d): Disabled people's organisations and the European Structural Funds 2007-2013/Toolkit for disabled mainstreaming, Brüssel.
EDF (2006b): Zweck einer Mitgliedschaft. http://www.edf-feph.org/en/about/membership/memrec.htm (03. Juli 2006).
EDF (2006e): Programme de Travail 2006-2007, Brüssel.
EDF, (2007a): European Disability Forum/Ten years of history, Brüssel.
EDF, (2007b): Propsal for Exklusion from Members, DOC-B-07-07-08-B, Brüssel.
EDF (2008a): Mitglieder des EDF-Sekretariates. http://www.edf-feph.org/Page_Generale.asp?DocID=10910&id=1&langue=EN (10.November 2008).

EDF (2008b): 1million4disability.http://www.1million4disability.eu/admin/wysiwyg/assets/pdf/UpdateSignatures-21-11-07_final_.pdf (01.11.2008).

EDF (2010): Annual Report / 2008/2009, Brüssel. http://cms.horus.be/files/99909/MediaArchive/EDF_AnnualReport_EN.pdf (11.3.2011).

InterviewpartnerInnen

Datum	Name	Funktion	Anschrift
20. März 2006	Herr Anthony Williams	Leiter des EU-Büros der Österreichischen Arbeitsgemeinschaft für Rehabilitation	ÖAR Stubenring 2/1/4, A-1010 Wien
31.März 2006	Frau Dorothea Brozek	Teil der Geschäftsführung der Wiener Assistenzgenossenschaft (WAG)	WAG Modecenterstraße 14 / A / EG 1030 Wien
08. Mai 2007	Frau Valérie Asselberghs	Zuständig für interne Kommunikation mit Mitgliedern des EDF	EDF, Rue du Commerce 39-41, B-1000 Brussels
11. Mai 2007	Frau Muriel DaVia	Zuständig für Finanzen	EDF
10. Mai 2008	Herr Javier Güemes	Policy Beauftragter	EDF
15. Mai 2007	Frau Valérie Vanbesien	Policy Beauftragte	EDF
16. Mai 2007	Frau Carlotta Besozzi	Direktorin des EDF	EDF
23. Mai 2007	Frau Maria Nyman	Policy Beauftragte	EDF

Politik und Demokratie
Reihe des Wiener Instituts für Politikwissenschaft

Herausgegeben von Helmut Kramer und Eva Kreisky

Band 1 Christiane Prorok: Ibrahim Rugovas Leadership. Eine Analyse der Politik des kosovarischen Präsidenten. 2004.

Band 2 Georg Bacher: Der Beitrag von Wahrheitskommissionen zur Friedenskonsolidierung und dauerhaften Versöhnung. Das Beispiel Südafrika. 2004.

Band 3 Gottfried Fritzl: Adolf Kozlik. Ein sozialistischer Ökonom, Emigrant und Rebell. Leben und Werk eines österreichischen Wissenschaftlers und Intellektuellen. 2004.

Band 4 Marion Knapp: Österreichische Kulturpolitik und das Bild der *Kulturnation*. Kontinuität und Diskontinuität in der Kulturpolitik des Bundes seit 1945. 2005.

Band 5 Georg Spitaler: *Authentischer* Sport – inszenierte Politik? Zum Verhältnis von Mediensport, Symbolischer Politik und Populismus in Österreich. 2005.

Band 6 Tamara Ehs: Helvetisches Europa – Europäische Schweiz. Der Beitrag der Schweiz an der europäischen Einigungsidee im Kontext schweizerischer Staats- und Nationswerdung. 2005.

Band 7 Philipp Kainz: Als Österreich isoliert war. Eine Untersuchung zum politischen Diskurs während der EU-14-Sanktionen. 2006.

Band 8 Simeón Renoldner: Regimebildung in der Landminenfrage und der Einfluss von Nichtregierungsorganisationen. Eine Untersuchung des Ottawa-Prozesses unter besonderer Berücksichtigung der Rolle Österreichs und Frankreichs. 2007.

Band 9 Angela Wieser: Ethnische Säuberungen und Völkermord. Die genozidale Absicht im Bosnienkrieg von 1992–1995. 2007.

Band 10 Silvia Nadjivan: Wohl geplante Spontaneität. Der Sturz des Milošević-Regimes als politisch inszenierte Massendemonstration in Serbien. 2008.

Band 11 Barbara Kraml: Gender Budgeting in Wien Meidling. Ein Weg zu mehr Geschlechtergerechtigkeit öffentlicher Haushalte? 2008.

Band 12 Katharina Ludwig: Citoyen Sans-Papiers. Irreguläre MigrantInnen als politische AkteurInnen in Frankreich. 2008.

Band 13 Sabine Lang: Die USA und der umfassende nukleare Teststopp-Vertrag. 2008.

Band 14 Nicole Kaspari: Gerhard Schröder – Political Leadership im Spannungsfeld zwischen Machtstreben und politischer Verantwortung. 2008.

Band 15 Cornelia Göls: Die politischen Parteien in der Ukraine. Eine Analyse ihrer Funktionsfähigkeit in Wahlen, Parlament, Regierung. 2008.

Band 16 Marcus Hölzl: Tibet – vom Imperium zur chinesischen Kolonie. Eine historische und gesellschaftstheoretische Analyse. 2009.

Band 17 Georg-Sebastian Holzer: Somaliland. Ein Beispiel für erfolgreiche Staatsbildung in Afrika. 2009.

Band 18 Vera Schwarz: Meine roten Großmütter. Politische Aktivität aus der KPÖ ausgetretener/ausgeschlossener Frauen. 2010.

Band 19 Christian Haddad: Zwischen Labor und Gesellschaft. Zur Biopolitik klinischer Forschung am Menschen. 2010.

Band 20   Georg Bacher: Nelson Mandela. Political Leadership im südafrikanischen Transformationsprozess. 2011.

Band 21   Angelika Zimmermann: Menschenrechtliche Aspekte von StaatsbürgerInnenschaft am Beispiel der „Ausgelöschten" in der Republik Slowenien. 2011.

Band 22   Joachim Malleier: Lobbying für Behinderte. Interessenvermittlung am Beispiel des europäischen Behindertenforums in der Europäischen Union. 2011.

www.peterlang.de

Rainer B. Brackhane

be - hindert

Sichtweisen – Menschen – Entwicklungen

Frankfurt am Main, Berlin, Bern, Bruxelles, New York, Oxford, Wien, 2007.
186 S.
ISBN 978-3-631-56475-2 · br. € 28,00*

In diesem Buch geht es um das individuelle und gesellschaftliche Phänomen der „Behinderung"; einleitend wird dazu die Begriffs- und Verständnisentwicklung bis zum aktuellen Stand erörtert. Darauf aufbauend werden 50 Lebensläufe von Beschäftigten in Werkstätten für behinderte Menschen auf dem Gebiet der ehemaligen DDR (niedergeschrieben vor allem in den Jahren 1993 und 1994) dargestellt und kommentiert. Die durch die zeitlichen und inhaltlichen Abstände bedingten Verfremdungseffekte machen die zahlreichen Umbrüche und Neugestaltungen deutlich, die sich in ganz Deutschland vollzogen haben und vollziehen und die mit dem Paradigmenwechsel in der „Behindertenarbeit" korrespondieren. Danach wird der Bogen zurück zur Theorie geschlagen und es werden Förderansätze und -möglichkeiten dargestellt und Konsequenzen insbesondere für die Arbeits- und Berufsförderung in Werkstätten für behinderte Menschen abgeleitet.

Aus dem Inhalt: Zur Entwicklung des Behinderungsbegriffs · Interdisziplinäre Entwicklungen, von der ICIDH zur ICF · Behinderungsarten und -zahlen · Gesellschaftliche und individuelle Faktoren · Verständnis von Rehabilitation · Förderung und Teilhabe in Werkstätten für behinderte Menschen · Ziele der Arbeit und Qualifizierung des Personals

Frankfurt am Main · Berlin · Bern · Bruxelles · New York · Oxford · Wien
Auslieferung: Verlag Peter Lang AG
Moosstr. 1, CH-2542 Pieterlen
Telefax 00 41 (0) 32 / 376 17 27

*inklusive der in Deutschland gültigen Mehrwertsteuer
Preisänderungen vorbehalten

Homepage http://www.peterlang.de